Helmut Herberg
Auf der Suche nach dem Kind von Bethlehem

Helmut Herberg

Auf der Suche nach dem Kind von Bethlehem

Eine Erzählung aus biblischer Zeit

Claudius

Für Jakob und Fabian

Bibliografische Information Der Deutschen Nationalbibliothek
Die Deutsche Nationalbibliothek verzeichnet diese Publikation in der
Deutschen Nationalbibliografie; detaillierte bibliografische Daten
sind im Internet über <http://dnb.d-nb.de> abrufbar.

© Claudius Verlag München 2010
Birkerstraße 22, 80636 München
www.claudius.de
Das Werk einschließlich aller seiner Teile ist urheberrechtlich geschützt.
Jede Verwertung außerhalb der engen Grenzen des Urheberrechtsgesetzes ist
ohne Zustimmung des Verlags unzulässig und strafbar.
Das gilt insbesondere für Vervielfältigungen, Übersetzungen,
Mikroverfilmungen und die Einspeicherung und Verarbeitung
in elektronischen Systemen.
Umschlaggestaltung: Anne Halke, München
Umschlagfoto: © Nopow/Dreamstime.com
Druck: Ebner/Spiegel, Ulm

ISBN 978-3-532-62415-9

Inhalt

Vorwort 7
Beginn 8
Ich bin Gerschom, der Hirte mit der Augenklappe 9
Ich zog zu Perez, dem Einsiedler 15
Im Traumland: Irgendetwas ist hier anders 20
Perez erzählt die Geschichte:
Wie Gott den Raben erschuf 26
So wurde ich ein Ziegenhirte 33
Von der Nacht, in der ich mein Vertrauen in die
Mitmenschen verlor 38
Euch ist heute der Heiland geboren 44
Ich habe so große Angst, dich zu verlieren 50
Wo Gott nicht im Alltag ankommt, bleibt er machtlos:
Die weihnachtlichen Bewährungsproben 57
Es hat sich so viel verändert 61
Das Meer heilt 67
Sammle meine Tränen in deinen Krug 71
Wir alle sind Perez, zerrissen und doch eins 75
Wie Gott den Menschen erschuf 79
Du bist jetzt ein Gottesstreiter 84

Gott kommt nicht über Leichen zu uns 89

Aus dem Blickwinkel der Feinde sieht die Welt
anders aus 94

Ein Junge aus Nazareth war besonders aufdringlich 104

Ich kam mir vor wie im Paradies und entdeckte den
Wärmestrom der Liebe Gottes 112

Jeder, der einen Groll hegt gegen seinen Nächsten,
soll verminderte Verpflegung erhalten 122

Manche Wege gehst du ungetröstet 126

Dir bin ich doch schon mal begegnet 132

Bist du es, der da kommen soll, oder sollen wir
auf einen anderen warten? 137

Da erkannte ich in Jesus den von Gott gesandten
Heiland der Welt 142

Lukas kam immer zu den Erzählabenden 147

Entscheidend ist nicht, woher du kommst, sondern
wohin du gehst 154

Jetzt gilt es, Gottes Macht wirken zu lassen 161

Es gibt eine Macht, die heilt, wenn alle menschlichen
Möglichkeiten erschöpft sind 168

Wir leben unter dem Angesicht Gottes 175

Gerschom war mir eine wichtige Stütze 187

Du warst ein Fremder in dieser Welt und hast doch
vielen ein Zuhause geschenkt 202

Quellen 207

Vorwort

Ursprünglich wollte ich weihnachtliche Geschichten aus meiner Kindheit aufschreiben. In Erinnerung an die Krippenspiele, bei denen ich meistens einer der Hirten war, nahm die Gestalt Gerschoms, des Hirten mit der Augenklappe, immer deutlichere Züge an. Diese Idee hat mich nicht mehr losgelassen. Mit Gerschom habe ich mich auf die Suche gemacht nach dem Kind von Bethlehem, dem Jungen von Nazareth, dem erwachsenen Jesus.

Herzlich danke ich dem Claudius Verlag, vor allem dessen Lektor Dr. Dietrich Voorgang für die mutmachende Beratung und Kritik.

Helmut Herberg
Ulm, den 3. Juni 2010

Beginn

Manche Augenblicke prägen sich so tief ins Gedächtnis, dass die Erinnerung sie – oft ganz unerwartet – in die Gegenwart zurückholt, so als hätte sich dass Geschehene gestern ereignet.

So geht es mir mit dem Augenblick, als mir die alte Frau jene beiden Buchrollen überreichte. Nein, „überreicht" stimmt nicht. Behutsam in die Hände legte, muss es heißen. „Die kleinere Buchrolle ist für dich", sagte sie leise und zeigte dabei auf meinen Namen: „Für Matthäus", stand auf der kleinen Rolle.

„Diese hier", die Frau zeigte auf die größere Rolle, „gehört mir. Es ist Gerschoms Lebensgeschichte. Er hat mir aufgetragen, sie dir auszuleihen. Sie würde in dir viele Erinnerungen wachrufen und du könntest in ihr, so hat er mir gesagt, einige Anregungen finden, die für dein Evangelium wichtig sind. Bring mir die große Buchrolle, sobald du sie gelesen hast, wieder zurück!"

Die alte Frau lachte, winkte mir zu und wandte sich um. Ich stand da, in jeder Hand eine Buchrolle, und wusste nicht, was ich sagen sollte. „Danke!", flüsterte ich leise, „danke!", und trug die beiden Buchrollen wie einen kostbaren Schatz nach Hause.

Die kleinere Rolle legte ich auf den Schrank, neben die Rolle, in der ich das nach mir benannte Matthäusevangelium aufgeschrieben hatte. Ich werde sie mitnehmen auf den Berg, auf meinen Gebetsberg, und sie dort oben öffnen und lesen.

In der großen Buchrolle, in der Gerschom seine Lebensgeschichte aufgeschrieben hatte, begann ich noch am selben Abend zu lesen:

Ich bin Gerschom,
der Hirte mit der Augenklappe

Die meisten Leute nennen mich „Der Hirte mit der Augenklappe". Ja, ich trage seit meinem 17. Lebensjahr, als ich beim Hüten der Schafe und Ziegen mit der Bärin kämpfte, eine schwarze Augenklappe. Im Kampf hat mir die Bärin mit ihren scharfen Krallen das linke Auge ausgekratzt und mich am Arm verletzt. Die grässliche Narbe am Kopf versuche ich seitdem mit einer Augenklappe, die ich mir aus Ziegenleder selbst genäht habe, zu bedecken. So wurde ich der Hirte mit der Augenklappe.

Die meisten Kinder laufen aus Angst vor mir davon oder schreien mir „Augenklappe" nach. Nur meine Freunde rufen mich mit meinem Namen, sagen Gerschom zu mir. Ich mag ihn, meinen Namen. Er klingt so anders als Simon oder Nathanael. Etwas Hartes, Raues klingt mit: Ger. Und etwas Weiches: Schom. Jonathan und Elisar, meine besten Freunde, rufen meinen Namen mit der Betonung auf der zweiten Silbe: Ger*schom*. Die anderen betonen die harte erste Silbe: *Ger*schom.

„Ger", das hat mir einmal ein weiser Mann erklärt, bedeutet Fremder. „Schom" bedeutet etwas tun, etwas anstellen, etwas aus etwas machen. „Es heißt auch", so hatte der alte, weise Mann gesagt und mir dabei seine ausgemergelte Hand auf den Kopf gelegt, „sich etwas zu Herzen nehmen, Mitleid haben." Ich musste lachen, als er schmunzelnd hinzufügte: „Der Fremde, der aus allem etwas macht, der erfindungsreiche Spinner, der schöpferische Einsiedler."

Ich wusste lange nicht, was ein Einsiedler ist. Bis mich mein Vater, ich glaube, ich war damals dreizehn Jahre alt, auf einen langen Spaziergang durch das Gebirge Juda mitnahm. Stundenlang gingen wir durch einen dunklen Wald. Ja, es gab, als ich Kind war, noch große ausgedehnte Wälder bei uns in Israel. Mitten im Wald stießen wir auf ein kleines, ganz aus Baumstämmen gebautes Haus.

„Da wohnt Perez, der Einsiedler", sagte mein Vater. „Einsiedler?", fragte ich erstaunt. Vater nickte. „Ein Einsiedler ist ein Mensch, der ganz alleine in einem Haus, in der Einsamkeit wohnt, weit weg von den anderen Menschen. Er fühlt sich fremd unter den Menschen." Ich blieb stehen. „Fremd unter den Menschen?" Mir klingelten die Ohren. „Ich fühle mich auch oft fremd. Bin ich auch ein Einsiedler?", wollte ich meinen Vater fragen, doch der war bereits weitergegangen. Ich spürte, Vater hielt von dem Einsiedler nicht viel. Darum behielt ich meine Fragen für mich.

Irgendetwas zog mich von nun an in die Berge Judas, zu dem Einsiedler. Heimlich schlich ich mich in der nächsten Woche von zu Hause weg in den Wald. Doch als ich vor Perez' Haus stand, waren Türen und Fenster fest verschlossen.

Wie gerne würde ich ihm begegnen! Tausend Fragen hätte ich an ihn: „Sag, kennst du das: Alle anderen stehen zusammen, lachen, scherzen miteinander. Nur du, du stehst wie daneben, neben dir selbst. Kannst nicht mitlachen. Findest zu den Menschen in deiner Umgebung keinen Kontakt. Bleibst innerlich einsam und allein." Oder: „Träumst du auch manchmal davon, auf den Wolken in dein Traumland zu fahren, in das Land, wo alle Menschen im Frieden miteinander leben, keiner den anderen verachtet, keiner einsam ist?"

Nein, einsam ist niemand von Natur aus, sozusagen von Geburt an. Einsam wirst du durch bittere Erfahrungen von Verlassenwerden, von Nicht-beachtet-Sein. So wie ich: Erst vor einem Jahr hat mir meine Mutter erzählt, dass sie nicht meine richtige Mutter und Papa nicht mein richtiger Vater seien. „Bevor du es von anderen erfährst, sollst du es von uns hören", hatte sie tröstend hinzugefügt.

„Wer sind meine richtigen Eltern? Wo leben sie? Kann ich sie mal besuchen?" Auf diese meine Fragen konnte und wollte mir meine Mutter keine Antwort geben. „Wir haben dich freitags vor der Tür der Synagoge aufgelesen. Hilflos hast du dort gelegen, notdürftig in ein Tuch gewickelt", erzählte meine Mutter weiter, streichelte mir dabei über den Kopf und fügte hinzu: „Vielen Kindern ist es wie dir ergangen. Es gibt zu viele arme Eltern in unserem Land. Sie können ihre Kinder nicht mehr ernähren."

Mutter wurde sehr nachdenklich. „Die Römer in unserem Land setzen Kinder, die mit einer Behinderung geboren werden, einen verkrüppelten Fuß oder eine gelähmte Hand haben, einfach irgendwo aus. Viele von ihnen erfrieren, verhungern oder werden von wilden Tieren gefressen. Wer von ihnen Glück hat, wird von barmherzigen Eltern aufgenommen, so wie du." Das sollte wohl ein Trost sein. Aber wie sollte das trösten?

Merkwürdig, dass mich all diese Gedanken hier vor Perez' Haus mit solcher Wucht überfallen. Wie gerne hätte ich jetzt mit ihm über alles gesprochen und ihn gefragt: „Sag, kennst du solche Gedanken und Gefühle?" Doch, ich sagte es bereits, die Türen und Fenster seines Hauses waren fest verschlossen. Hatte Perez mich von Weitem kommen sehen und schnell alles dicht gemacht?

Ich beschloss, mich abends, bei einbrechender Dunkelheit, an sein Haus anzuschleichen. Vergeblich. Alle Türen verrammelt und verriegelt. Angst überfiel mich. Würde ich den Weg durch den Wald nach Hause finden? Zu meiner Verwunderung entdeckte ich am Wegrand kleine, weiße Steine, wie Kiesel vom

Meer, oben an der Küste, bei Rosch-ha-Nikra. Ich ging weiter an den Kieselsteinen vorbei, kam an eine Weggabelung und entdeckte wiederum weiße Steine, ein wenig von trockenem Gras bedeckt. Kieselsteine als Wegweiser! Sie zeigten mir spät abends den Weg aus dem Wald, unauffällig und doch für den, der aufmerksam hinsieht, gut sichtbar.

Endlich, an einem warmen Sommertag, traf ich Perez. Er trug einen schweren Sack auf dem Rücken. Aha, dachte ich, Kieselsteine, Wegweiser durch den Wald. „Entschuldige", sagte Perez, als er in meine fragenden Augen schaute. „Ich war am Meer. Konntest du ja nicht wissen. Ab und zu brauche ich den Blick in die endlose Weite. Ganz oben, im Norden, wo das Hermongebirge ins Meer fällt, da ist meine zweite Wohnung. Von Zeit zu Zeit ziehe ich dorthin. Jetzt wird es da oben sehr heiß. Darum komme ich zurück in den kühlen Wald. Außerdem muss ich meine Wegsteine erneuern. Einige sind bereits verschwunden. Und weil ich nicht mehr so gut sehe, habe ich größere mitgebracht." Perez stellte den schweren Sack ab. Woher wusste er, dass ich ihn schon lange gesucht hatte? „Wir sind uns schon einmal begegnet", sagte Perez und wieder schien er in meinem Gesicht zu lesen. „Vor einem halben Jahr, auf dem Markt in Hebron. Du hast mich gefragt, ob die Pilze, die ich in den Körben zum Verkauf anbot, alle essbar seien. Nach unserer ersten Begegnung wusste ich: Wir werden uns wiedersehen. Erinnerst du dich nicht mehr? Bis bald!, habe ich dir nach nachgerufen und seitdem habe ich auf dich gewartet."

„Du hast auf dem Markt aber ganz anders ausgesehen. Hattest einen kurzen Bart und trugst eine Mütze." Perez lachte auf: „Ich kann auf dem Markt doch nicht so wild erscheinen. Die Leute kaufen dann nicht bei mir ein. Draußen in der Stadt muss man sich kämmen." Perez fuhr sich mit beiden Händen durch sein struppiges Haar.

„Du hast auf mich gewartet?", fragte ich erstaunt. „Ja", antwortete Perez und legte mir die Hand auf die Schulter. „Jeden Tag, seit ich dich in Bethlehem gesehen habe."

Geschickt stellte Perez dann vier Holzklötze, die er aus dem angebauten Schuppen geholt hatte, so als Treppe aufeinander, dass er die kleine Tür, oben in der Holzwand, erreichen konnte. Er griff hinein und zog einen Riegel hoch. „Ach so", dachte ich, „das Türschloss."

„Weißt du", sagte Perez, als wir ins Haus traten, „ich habe damals, wenn ich mich recht erinnere, war es im Herbst, in deinen Augen gelesen: Du bist auch ein Einsiedler." „Ich?", fragte ich erstaunt. „Aber ...", Perez legte sich den Finger auf die Lippen. „Es gibt mehrere Arten von Einsiedlern. Die einen leben ganz für sich alleine. Sie suchen nur dann die Nähe anderer Menschen, wenn es unbedingt nötig ist. Wenn sie krank geworden sind oder Geld brauchen. Ganz ohne Geld zu leben ist unglaublich schwer. Nur wenige schaffen das. Und es gibt Einsiedler, die lieben von Zeit zu Zeit die Nähe der Menschen, so wie ich. Sie gehen allerdings selten in ihre Dörfer oder Städte, sondern laden die Menschen zu sich ein, in den Wald, auf die einsame Insel oder den Berg. Je nachdem, wo sie ihre Einsiedelei haben. Daneben gibt es eine dritte Art von Einsiedlern. Das sind zahlenmäßig die meisten. Die leben als Einsiedler, von den meisten Menschen in ihrer Umgebung unerkannt, mitten unter den Menschen. Doch untereinander kennen sie sich. Sie lesen einander von den Augen ab, wer zu ihnen gehört. Von Zeit zu Zeit besuchen sie auch – wenn ich so sagen darf – ihre Artgenossen in der Einsamkeit, so wie du mich."

Ich merke gerade, ich habe alles so schnell hintereinander erzählt. Bei Perez war das anders: Er sprach langsam. Machte zwischen den Sätzen lange Pausen. Wartete, bis sich das Gehörte bei mir gesetzt hatte. Hantierte zwischendrin an der Feuerstelle und bereitete das Essen vor. „Von Zeit zu Zeit fällt es mir schwer, alleine zu leben", fügte Perez leise hinzu. „Dann warte ich darauf, dass sich jemand zu mir in den Wald verirrt oder mich besucht, so wie du. Schön, dass du da bist! Jetzt komm, die Suppe ist warm!"

Perez schöpfte mir mit einer Holzkelle in die Kürbisschale. „Beim Essen", sagte er, „rede ich nicht. Ich schaff' das nicht, gleichzeitig zu schmecken und zuzuhören. Das ist so eine Eigenart von mir. Leider habe ich das erst spät gelernt: mitzugehen mit dem, was im Augenblick geschieht, mit dem, was ist, das heißt, gegenwärtig zu sein. Kannst du deine Fragen bis nachher behalten?" Ich nickte stumm.

Mit jedem Löffel der Pilzsuppe rutschte das, was Perez mir soeben gesagt hatte, tiefer in mich hinein, bis auf den Grund meiner Seele. Da erkannte ich: Perez hat Recht: Ich bin auch ein Einsiedler, ein Fremder unter den Menschen. Das gab mir ein unbeschreibliches Gefühl von Ruhe: Ich sagte „Ja" zu mir: „Ja, ich bin Gerschom, der Einsiedler."

Der alte weise Mann, den ich nach der Bedeutung meines Namens gefragt hatte, stand plötzlich in Gedanken vor mir. Er lächelte und sagte: „Gerschom, erfindungsreicher Spinner, schöpferischer Einsiedler, der aus allem etwas macht." Perez nickte mir zu. Konnte er doch Gedanken lesen?

Nachdem der Suppentopf leer war und ich die Kürbisschalen vom Tisch geräumt hatte, nahm Perez den Gesprächsfaden wieder auf: „Ich würde mich sehr freuen, wenn du für einige Tage bei mir bleiben könntest!" „Da muss ich erst meine Eltern fragen", antwortete ich und freute mich riesig über die Einladung. Dann hätte ich viel Zeit, um Perez alle meine Fragen zu stellen.

Ich zog zu Perez, dem Einsiedler

Merkwürdig, erst als ich im Eingang meines Elternhauses in Hebron stand und der eigene „Stallgeruch" in meine Nase kroch, erinnerte ich mich: Bei Perez hatte es ganz anders gerochen, erdig, harzig, nach Heu und getrockneten Früchten. Alle Möbel, Perez hatte sie selbst gebaut, erzählten von dem Wald, in dem einst die Bäume gewachsen waren, die das Holz geliefert hatten. Im ganzen Haus verteilt standen aus Holz gehauene Tiere und Steine. Manche zeigten ihre ursprünglich bizarre Gestalt, andere waren behauen, als kleine Kunstwerke füllten sie die Nischen und Ecken. Perez' Haus lebte. Hier bei mir zu Hause war alles sehr geordnet, einheitlich, ja, auch ein wenig langweilig.

Ich war noch ganz in Gedanken versunken, da stand mein Vater plötzlich vor mir und schrie mich wütend an: „Wo hast du so lange gesteckt? Weißt du nicht mehr, was deine Aufgaben sind?" Und schon hatte ich rechts und links eine sitzen. Ich rieb mir die Backen, rannte in den Stall, begann den Mist aufs Land zu fahren und streute den Ziegen und Schafen anschließend frisches Stroh. Beim Abendbrot besserte sich die Stimmung. Doch ich hielt es für ratsam, meinen Besuch bei Perez zu verschweigen und erst am nächsten Morgen meine Bitte vorzutragen.

Vater runzelte die Stirn, als ich beim Frühstück von meinem Besuch bei Perez erzählte und von dem Plan sprach, für einige Zeit zu Perez zu ziehen. Ich solle mich von dem nur nicht beschwatzen lassen, sagte Vater. Er lachte so merkwürdig dabei und flüsterte meiner Mutter zu: „Wenn er will, kann er ja bei ihm bleiben." War Vater froh, mich los zu werden, weil ich mir mit dreizehn Jahren nicht mehr alles von ihm gefallen ließ? Weil ich, wie er sagte, in letzter Zeit so frech geworden sei?

Mutter stand neben mir. Sie hatte Tränen in den Augen, als ich die wenigen Sachen, die ich besaß, in die Korbtasche packte. Beim Abschied hat sie mich lange in die Arme genommen und mir ins Ohr geflüstert. „Ich hab dich so lieb! Komm bald zurück. Ich brauch' dich!"

Vater schlug mir mit seiner breiten Hand auf die Schulter, schaute an mir vorbei und murmelte in seinen Bart: „Wenn du dir die Hörner abgestoßen hast, kannst du, wenn du willst, zurückkommen!"

Nach drei Wanderstunden stand ich vor Perez' Haus. Wieder waren Türen und Fenster fest verschlossen. Ich setze mich auf den Holzklotz unter dem großen Nussbaum und überlegte.

Da entdeckte ich die Zweige vor der Haustüre. Sie waren kunstvoll zu Pfeilen gelegt, die zum Eichenwald hinüberzeigten. Ich folgte der Pfeilrichtung und fand an der Weggabelung weitere Pfeile. Sie führten mich zu einer kleinen Lichtung mitten im Wald. Am Rande, unter einer mächtigen Eiche mit weit ausladenden Ästen, saß Perez im Gras. Von Weitem winkte er mir zu und hielt dabei den Finger der linken Hand vor den Mund. Vorsichtig ging ich weiter und entdeckte den Fuchsbau. „Gleich werden sie rauskommen, die jungen Füchse", flüsterte Perez mir zu und gab mir ein Zeichen, mich neben ihn zu setzen.

Ein eigenartiger Geruch lag in der Luft, so als würde hier irgendwo verwesendes Fleisch liegen. Ich hob die Nase und roch nach allen Seiten. „Kommt aus dem Fuchsbau, typischer Fuchsgeruch", sagte Perez leise und zeigte dabei auf den jungen Fuchs, der vorsichtig in den Eingang der Höhle getreten war. Er blickte uns beide kurz an und verschwand wieder im Fuchsbau. Wenige Augenblicke später erschien die Fuchsmutter, eine stattliche

Füchsin mit rotbraunem, seidenschimmerndem Fell. Sie sah erst auf Perez, dann auf mich und zögerte. Perez nickte ihr freundlich zu. Daraufhin kroch sie aus dem Bau, kam auf uns zu und beschnupperte uns beide. An mir roch sie sehr lange. Wieder nickte Perez ihr Mut machend zu. Da stieß die Füchsin einen kurzen, hellen, bellenden Laut aus und daraufhin sprangen fünf Fuchskinder um uns herum. Erst umkreisten sie uns und dann begannen sie zu spielen: Sie rannten um die Eiche, zwischen uns hindurch, bissen und balgten sich. Es war eine Freude, ihnen zuzuschauen. Noch nie hatte ich junge Füchse beim Spielen beobachtet.

Jetzt kroch auch der Fuchsvater aus dem Bau und legte sich auf den gelb-braunen Erdhügel. Sofort fielen die Kinder über ihre Eltern her, bissen sie in die Ohren, wälzten sich auf ihrem Rücken und bellten vor Vergnügen. Dass Tiere so fröhlich miteinander spielen können! Ich war sprachlos.

Der alte Fuchs ließ mich jedoch nicht aus den Augen. Offensichtlich war ich für ihn ein Fremder. Mit Perez war er vertraut. Zu ihm kam er nach einer Weile und legte sich ihm auf die Füße. Perez flüsterte: „Das tut so gut. Ich habe immer so kalte Füße." Ob der Fuchs das gespürt hat?, fragte ich mich.

Beim Herumtollen der jungen Füchse hatte ich gar nicht bemerkt, dass Vater Fuchs davongeschlichen war. Ich staunte und erschrak, als er plötzlich mit einem großen Stück einer Gazelle vor dem Fuchsbau erschien. „Hat er sie getötet?", fragte ich Perez. Der schüttelte den Kopf: „Er hat das altersschwache, tote Tier im Wald errochen. Füchse sorgen dafür, dass keine toten Tiere im Wald liegen bleiben."

Merkwürdig, keiner der kleinen Füchse, die sich um ihren Vater versammelt hatten, fraß etwas von dem mitgebrachten Fleisch. Nur die Fuchsmutter. Sie biss Stück für Stück von dem Gazellenfleisch ab. Dann, ich traute meinen Augen nicht, würgte sie das Zerkaute wieder aus. Jetzt erst stürzten sich die jungen Füchse auf den ausgespuckten Brei. „Junge Füchse können noch kein Fleisch verdauen. Es muss ihnen erst vorgekaut werden", flüsterte Perez mir zu. Nachdem die jungen Füchse alle satt waren, fraßen Vater und Mutter Fuchs die Reste auf. Träge legten sich alle ins Gras und leckten ihre Schnauzen.

„Voller Bauch braucht Ruhe und hungrige Bäuche was zum Essen", rief Perez mir zu und gab ein Zeichen, den Heimweg anzutreten.

„Füchse sind doch so scheu. Warum hatten die keine Angst vor uns?", begann ich das Gespräch. „Scheu?", fragte Perez zurück. „Sie sind vorsichtig. Sie erspüren, ob die Beziehung stimmig ist. Scheu oder besser gesagt unsicher sind wir Menschen. Wir wissen oft nicht, wie wir den Tieren begegnen sollen. Tiere spüren genau, ob die Augenhöhe stimmt. Dann vertrauen sie sich uns an, nehmen uns ernst. Nein, ernst ist nicht das richtige Wort. Wenn die Augenhöhe stimmt, begegnen sie uns absichtslos. Zuerst erkunden Tiere jedoch mit allen Sinnen unsere Einstellung zu ihnen. Sie riechen, ob wir vor Angst schwitzen. Sie lesen in unseren Augen, ob wir uns ihnen mit guten Gedanken nähern oder hinterlistig sind. Aus bitteren Erfahrungen haben viele Tiere gelernt: Vorsicht! Die Menschen haben meistens etwas im Sinn, wollen uns fangen, einsperren, zähmen, töten ... Sie wollen uns buchstäblich ans Fell, um sich daraus warme Wintermäntel zu nähen. Wenn die Tiere jedoch spüren, du begegnest ihnen ohne Hintergedanken, laden sie dich in ihr Leben ein, so wie uns beide vorhin zum Spielen. Wir durften mitspielen."

Inzwischen war es völlig finster geworden. „Ich sehe im Dunkeln schlecht", flüsterte Perez und hakte bei mir ein. „Führ du mich nach Hause. Du musst nur auf die Kieselsteine achten. Der Weg mit den zwei Steinen, die eng nebeneinanderliegen, führt zurück zum Haus." Ach so, dachte ich. Jeder Weg ist besonders gekennzeichnet. „Ja", sagte Perez. „Ohne die Sehsteine finde ich mich im Wald nicht mehr zurecht. Ich bin alt geworden. Die Augen lassen immer mehr nach."

Was, fragte ich mich, was passiert mit dir, wenn deine Augen noch schlechter werden? Dieser Gedanke machte mir Angst. Ich schob ihn schnell beiseite.

„Ich freue mich so, dass du gekommen bist und bei mir bleiben willst!", sagte Perez, blieb mitten auf dem Weg stehen und nahm mich in die Arme. Woher wusste er, dass ich bei ihm bleiben wollte, ich hatte ihn doch noch nicht darum gebeten?

In dieser Nacht lag ich lange wach. Immer wieder dachte ich an Perez' Satz: „Tiere spüren genau, ob die Augenhöhe stimmt." Die traurigen Augen des Esels auf dem Hof meines Vaters sahen mich fragend an: „Warum ladet ihr Menschen mir so schwere Lasten auf, dass ich beinahe darunter zusammenbreche?"

Siko, der Wachhund an der schweren Eisenkette, winselte darum, mit mir über die Wiesen laufen zu dürfen. „Alles, was wir den Tieren antun, fällt eines Tages auf uns selbst zurück, auf unsere Seele, auf unser Gemüt", hörte ich Perez sagen. Er war leise an mein Bett getreten. Und wieder war mir so, als könne Perez Gedanken lesen. „Morgen", verabschiedete er sich dann und stellte so meine Gedanken um, „morgen nehme ich dich mit zu den Raben. Wir werden zu ihnen auf die hohen Bäume klettern. Doch das geht nur bei schönem Wetter. Wenn die Äste nass und glatt sind, ist das zu gefährlich. Und nun schlaf gut!"

Nein, in dieser Nacht schaffte es Perez nicht, mich zu beruhigen. Immer wieder andere Tiere sahen mich mit ihren großen Augen fragend an: Warum quält ihr Menschen uns? Warum sperrt ihr uns in so enge Käfige? Riesengroß waren die Augen des Ochsen vor dem Holzpflug. Seine traurigen Augen wurden zu weit geöffneten Toren. Er nickte mir zu und ich trat ein. Trat durch die Augentore des Ochsen ins Traumland.

Im Traumland: Irgendetwas ist hier anders

Wie sie sich vor mir öffneten, so schlossen sie sich hinter mir, die großen Augentore. Ich hörte sie ins Schloss fallen und schaute mich neugierig um: Wo bin ich? Ist der Weg zurück nun versperrt?

Ich reibe mir die Augen und sehe vor mir einen großen, wunderschönen Garten mit hohen Bäumen, dichten Sträuchern und bunten Blumen in allen Farben: Rosen, Anemonen, Margeriten, Vergissmeinnicht und viele andere. Ganz hinten ein Beet mit meinen Lieblingsblumen, den Wiesenglockenblumen. Es scheint mir, als seien sie alle soeben für mich aufgeblüht. Ein Farbenmeer, das der Wind in Wellen hin und her bewegt. Ein betörender Duft nach Lavendel, Akazien und Nelken durchströmt die Luft.

Alle Wege des Gartens sind von niedrigen Buchsbaumhecken umsäumt. Überall stehen kunstvoll aus Weiden geflochtene Bänke. Frauen und Männer sitzen dort im Schatten der Bäume. Sie reden und lachen miteinander oder schauen ihren Kindern zu, die am nahen Bach spielen, der sich wie eine Riesenschlange durch den Garten schlängelt. Sie haben sich kleine Schiffe geschnitzt, mit Blättern der Bäume als Segel. An einer Stelle ist der Bach zu einem kleinen See gestaut, in dem sich die Kinder zwischen den winzigen Segelschiffen tummeln.

Ein Mädchen sitzt allein am Rand. Es hält ein schmuddeliges Stofftier, einen Affen, in seinen Armen, streichelt ihn zärtlich und flüstert ihm etwas ins Ohr. Plötzlich verzieht das Mädchen sein Gesicht, wirft die Arme in die Luft und schreit dabei voller Zorn. Ich verstehe es kaum. „Weg!", glaube ich herauszuhören. „Alle weg!" Es weint. Langsam gehe ich auf das Kind zu. Da steht es wütend auf, rennt auf mich zu, schreit mich an und stößt mich zurück. Aufgeregt läuft eine Frau auf das Mädchen zu und schimpft mit ihm: „Rahel, lass das! Setz dich wieder ins Gras!" Dann wendet sich die junge Frau, sie ist vermutlich die Mutter des Mädchens, mir zu: „Sie ist verwirrt. Entschuldige bitte", sagt sie, nimmt ihre Tochter an die Hand und bringt sie wieder an ihren Platz. Doch dann kommt die Frau zurück und fragt leise: „Hast du verstanden, was Rahel gesagt hat?" „Alle weg!, glaube ich verstanden zu haben", antworte ich. Der Mutter treten Tränen in die Augen. Sie dreht sich um und geht.

Ich schließe die Augen für einige Augenblicke und frage mich: Wo bin ich hier? Und wen hat das Kind gemeint, als es rief: „Alle weg!"? Von Weitem höre ich ein Rauschen, das mich ruft. Ich winke dem Kind und seiner Mutter zum Abschied zu, doch sie winken nicht zurück.

Als ich langsam weitergehe, hört sich das Lachen der Menschen anders an, scheppernd, wie bei einer Glocke, die einen Riss hat. Ich bohre mir mit den Fingern in beide Ohren, doch es wird nicht besser. Irgendetwas ist hier anders! Ja, das Mädchen hat Recht: Es fehlt hier etwas. Aber was? Aufmerksamer beobachte ich die Menschen, die an mir vorbeigehen. Ein junges Paar spreche ich an, frage sie, woher das Rauschen kommt. Sie drehen sich um, zeigen in meine Richtung auf den Hügel: „Von dahinten, da am Hang, vom Wasserfall." Ich bedanke mich und versuche, in ihren Gesichtern zu lesen. Sie sind beide sehr hübsch und, wie mir scheint, bis über beide Ohren ineinander verliebt. Doch auf dem Glanz ihrer Augen liegt etwas Mattes.

Zwei ältere Männer stehen unter einem Feigenbaum, erzählen sich etwas und lachen. Ich mache einen kleinen Umweg, um so nahe wie eben möglich an ihnen vorbeizukommen. Wieder lachen sie laut auf. Aber ihre Augen lachen nicht mit.

Als ich mich umdrehe, sehe ich Rahel, das Stofftier unter dem linken Arm fest an sich gedrückt, an der Hand ihrer Mutter in Richtung Wasserfall gehen. In einigem Abstand folge ich den beiden.

„Schön!", ruft Rahel mit klarer Stimme. „Schön!" Ihr Gesicht ist ganz entspannt. Sie zeigt auf den Regenbogen, der sich an der rechten Seite des Wasserfalls gebildet hat, da, wo der Wind die feinen Tropfen hinweht. Ich bleibe stehen und staune: Noch nie in meinem Leben habe ich einen Regenbogen von so nahe gesehen.

Plötzlich reißt sich Rahel von der Hand ihrer Mutter los, läuft mit strahlendem Gesicht auf mich zu, nimmt mich an die Hand und wir beide treten in den Regenbogen. Rahel lacht, greift nach den Farben und führt die zur Schale geformten Hände zum Mund.

Lange bleiben wir beide im Regenbogen stehen, bis ein Mann aufgebracht auf uns zuspringt, uns an den Armen packt und aus dem Farbenspiel zieht. Drohend zeigt der Fremde zum Himmel: „Das bringt Unglück! Er bestraft jeden, der sich in seinen Bogen stellt!", ruft der Mann, wendet sich ab und lässt uns stehen.

Rahel ist kreidebleich, zittert am ganzen Körper, reißt sich von mir los, läuft zu ihrer Mutter und verkriecht sich weinend in ihr Kleid. Ich stehe da wie benommen, weiß nicht, was ich sagen und tun soll.

Nach einigen Minuten kehrt Rahel zu mir zurück, wischt sich mit dem Ärmel ihres blau-geblümten Kleides die letzten Tränen aus dem Gesicht, hebt die Arme, bewegt sie wie Flügel und ruft dazu: „Alle weg! Alle weg!" Dann kniet sie sich auf die Steine am Rand des Wasserfalls, fährt wild mit beiden Händen durchs Wasser und ruft erneut: „Alle weg! Alle weg!" Da gehen mir die

Augen auf! Ich streichele Rahel über ihr schwarzes, wie Seide schimmerndes Haar und flüstere ihr ins Ohr: „Sie werden wiederkommen. Alle werden sie wiederkommen, bald, sehr bald! Ich werde dafür sorgen. Das verspreche ich dir."

Rahel schaut mir in die Augen, ein Lächeln huscht über ihr schmales, blasses Gesicht. „Alle?", fragt sie, „wirklich alle, auch die Fische und die Vögel?" Ich nicke fest. Da springt Rahel tanzend zurück zu ihrer Mutter und ruft ihr zu: „Sie werden alle wiederkommen, alle, alle, alle!" Die Mutter drückt ihre Tochter fest an sich. Beide winken mir zu und entfernen sich in Richtung des kleinen Sees.

Ich spüre, wie Traurigkeit in mir aufsteigt, bleibe noch eine Weile vor dem Wasserfall stehen und gehe langsam auf die steinerne Brücke zu, die sich wie ein breiter Bogen über den Fluss spannt, der sich unterhalb des Wasserfalls gebildet hat.

Deswegen liegt hier über allem ein Hauch von Langeweile, denke ich und betrete die Brücke. Als ich mich noch einmal umschaue, sehe ich, wie einige Blumen die Köpfe hängen lassen. Oder bilde ich mir das nur ein?

Oben auf der Brücke, wo sie sich schon zum anderen Ufer hin neigt, trete ich in einen Kuhfladen und rutsche aus. Im letzten Augenblick kann ich mich noch mit beiden Händen abstützen, sonst wäre ich mit dem Hintern in dem Kuhfladen gelandet. Die Hände voller Kuhdreck laufe ich hastig zum Fluss, um sie mir zu waschen. Da greife ich in quabbeligen Froschlaich. Schrecklich! Weiter flussabwärts finde ich endlich eine Stelle mit klarem Wasser, wo ich mir den Kuhdreck abwaschen kann. Da umschwirren mich Tausende von Mücken und stechen auf mich ein. Ich breche einen Zweig von einer Weide und verscheuche sie. „Soll ich nicht doch besser wieder in den schönen Garten auf dem anderen Flussufer zurückgehen? Nein!", sage ich mir. „Ich gehe weiter!"

Ein Specht fliegt über mich hinweg und lacht. Wie lautes Lachen kommt mir sein Schrei vor. Doch da habe ich mich sehr getäuscht: Der Ruf des Spechts war ein Warnruf. Aus den Büschen, hinter den Bäumen, von allen Seiten kommen Tiere auf mich zu: Hirsche, Ziegenböcke, Ochsen, Wildpferde, Esel, Gazellen ... Die großen Hirsche neigen ihre Köpfe mit den mächtigen Geweihen und schreiten in Drohgebärde langsam auf mich zu. Angst ergreift mich. Weglaufen erscheint mir zu gefährlich. Die Hirsche könnten mich mit ihrem Geweih von hinten aufspießen. Schritt für Schritt gehe ich rückwärts auf die steinerne Brücke zu. Behalte dabei die großen Tiere fest im Auge.

Die Kuhfladen hatte ich vergessen! Ich trete wieder hinein und rutsche aus. Diesmal hat's mich voll erwischt. Ich falle mit dem Hintern in den Kuhdreck, liege wie ein kleines Kind hilflos auf dem Rücken.

Da tritt der Ochse einen Schritt vor, neigt sein Haupt und reicht mir seine Hörner. Ich fasse sie und ziehe mich an ihnen hoch. Dabei schaue ich in seine großen traurigen Augen und wache auf.

Draußen beginnt es zu dämmern. Die Vögel stimmen ihr Morgenlied an. Durch das offene Fenster steigt die frische, nach Regen riechende Luft in mein Zimmer. Ich liege da zwischen Traum und Wirklichkeit, reibe mir die Augen. Erinnerungen steigen in mir auf, Erinnerungen an die frühen Morgenstunden zu Hause. Mutter stand immer als Erste auf und deckte den Frühstückstisch. Manchmal wurde ich gleichzeitig mit ihr wach.

Einmal, es war an einem Sommertag, so wie heute, kam ich in die Küche, da saß Mutter am Tisch, den Kopf in beide Hände gestützt. Ich setzte mich zu ihr. Eine Weile saßen wir schweigend beieinander. Schließlich nahm Mutter meine Hand, sah mich mit ihren großen dunkelbraunen Augen an und sagte: „Im Traum, im Nachtgesicht, wenn der Schlaf auf die Menschen fällt, wenn sie schlafen auf dem Bett, da öffnet Gott das Ohr der Menschen und schreckt sie auf und warnt sie (Hiob 33,15). Träume sind Wegweiser durch die Täler deiner Seele und führen dich immer wieder zur Quelle. Merke sie dir gut, deine Träume und erzähle sie deinen besten Freunden. Sie werden dir helfen, die Traumbilder zu deuten."

Immer wieder hat Mutter, wenn wir beide morgens beieinandersaßen, diese Sätze gesagt und so gleichsam in mein Herz geschrieben.

Wenn Mutter dann am Frühstückstisch ihren Traum erzählte, ihre Deutungen hinzufügte und darauf wartete, was meinem Vater und mir zu ihrem Traum einfiel, herrschte jedes Mal eine angespannte Stille. Vater hat meistens nur mit der Hand gewunken und von Weibergespinsten gesprochen. Doch manchmal saß er auch einfach nur da, regungslos, mit gesenktem Kopf, stand dann ohne ein Wort auf und ging in den Garten.

Mutter bedankte sich immer bei mir für meine Gedanken, die mir zu ihren Träumen einfielen. Sie seien so hilfreich für sie und alleine wäre sie nie darauf gekommen.

Merkwürdig, wie in letzter Zeit immer wieder meine Mutter in meine Erinnerungen tritt. Ihr verdanke ich die Wachsamkeit meinen Träumen gegenüber und den Mut, mit ihnen nicht alleine zu bleiben.

So stehe ich auf und bin fest entschlossen, nach dem Frühstück Perez meinen nächtlichen Traum zu erzählen.

Perez erzählt die Geschichte:
Wie Gott den Raben erschuf

*B*eißender Rauch kroch in meine Nase. Während ich aus meinem Bett stieg, sah ich, wie der Qualm unter der Tür und durch die Türritzen zog. Es brennt, dachte ich und riss die Tür auf.

Perez stand am Ofen, die Fenster alle weit geöffnet. „Der Nebel drückt aufs Dach. Da kann der Rauch nicht abziehen", sagte er und fächerte dabei mit einem großen Holzscheit in die Glut, bis Flammen auflöderten.

„Wird heute nichts", rief Perez mir zu und zeigte nach draußen: „Zu nebelig, zu kalt, zu nass, zu gefährlich, um auf die hohen Bäume zu den Raben zu klettern. Komm, wir frühstücken erst einmal!"

Mir fiel auf, dass der Tisch reichlicher gedeckt war. Außer der üblichen Ziegenbutter, der Pfirsichmarmelade und dem Apfelblütentee gab es noch geröstete Bucheckern, Mandelkerne und eine Schüssel mit Honig. Dazu leckeres Fladenbrot mit Kürbiskernen. „Wir werden es uns heute drinnen gemütlich machen", sagte Perez mit einem Blick nach draußen und schob mir den Honig zu. Wie üblich frühstückten wir schweigend. Immer wieder stand Perez auf und fächerte in die Glut, bis Flammen auflöderten und der Rauch abzog.

Während Perez nach dem Frühstück den Tisch abräumte, schaute er mich von der Seite neugierig an und fragte: „Wer war weg? Im Schlaf hast du ein paar Mal ‚weg, alle weg' geschrien."

Daran, dass ich im Traum laut gesprochen hatte, konnte ich

mich nicht mehr erinnern, wohl aber an den Traum selbst, den ich Perez in allen Einzelheiten erzählte.

„Ja, viele Menschen haben das vergessen: Ohne die Tiere wäre das Leben auf dieser Erde todlangweilig." Perez machte eine Pause. „Tiere sind Boten Gottes", fuhr er leise fort. „Jedes Tier trägt Wesenszüge Gottes. Tiere sind uns Menschen in vielem Vorbilder.

Nein, Perez ließ sich von meinem fragenden Gesicht nicht unterbrechen. „Da wir nicht zu den klugen Raben auf die Bäume steigen können, erzähle ich dir die Geschichte: Wie Gott den Raben erschuf:

Kaum war die Nachtigall der Schöpferhand Gottes entflogen, setzte sie sich auf den untersten Ast der Zeder und begann zu singen. Augenblicklich verstummte der Gesang der Engel. Sie hatten sich im Kreis um Gott aufgestellt, lauschten andächtig und staunten: Wie kann ein so kleiner Vogel so laut und so schön singen?

Genau so plötzlich, wie die Nachtigall zu singen begonnen hatte, hörte sie auch wieder auf und eine tiefe Stille breitete sich über den ganzen Himmel aus. Ein wenig verlegen hüpfte die Nachtigall von Ast zu Ast und als immer noch kein anderer Vogel sang, deutete sie die Stille als Aufforderung an sich weiterzusingen. Unerschöpflich erschien ihr Melodienreichtum. Kaum hatte sie ihren siebenten Gesang beendet und ihren Schnabel zugemacht, meldete sich lautstark die Ratgeberin Gottes, Frau Weisheit: Du Schöpfer von Licht und Finsternis, wo bleibt der Gegenpol? Mit leiser Stimme, die nur Gott hören konnte, fügte sie hinzu: Der liebliche Gesang könnte auf die Dauer langweilig werden. Ich meine, du selbst hast uns doch immer wieder ermahnt, den schwarzen Raben der Langeweile nicht zu vergessen. Von Langeweile habe ich nur eine blasse Ahnung. Unter einem schwarzen Raben kann ich mir jedoch ganz und gar nichts vorstellen.

Verwundert und erstaunt sah Gott die Weisheit an und antwortete: Dass du mich gerade jetzt daran erinnerst! Genau zur rechten Zeit die richtige Idee! Raben werde ich erschaffen, Kolkraben. Als – wie sagtest du doch? –, als Gegenpol, als Kontraststimme zur Nachtigall.

Ein wenig verwirrt trat Frau Weisheit zur Seite. Gott selber hatte doch vom schwarzen Raben gesprochen und sie hatte ihn lediglich gefragt, was dahinter stecke. Mir ist der Ausspruch Gottes gerade so eingefallen, dachte sie und wunderte sich über sich selbst. Ist Weisheit die Kunst, spontanen Einfällen Raum zu geben?

Als lebe Gott in vollkommener Einheit mit seiner Ratgeberin, der Weisheit, gab er seinen spontanen Einfällen Raum, formte mit unglaublicher Geschicklichkeit die Federn des Raben und erzählte dabei: Zärtlich wird die bis über beide Ohren verliebte Freundin ihrem Freund durch seine schwarzen Locken fahren und flüstern: Deine Locken sind kraus, schwarz wie ein Rabe (Hoheslied 5,11).

Die schwarze Federgestalt, der Gott soeben einen kräftigen Schnabel geformt und der er seinen Lebensodem eingehaucht hatte, schien die Gedanken Gottes zu verstehen und antwortete mit einem lauten Krah, Krah, Krah. Wenn das kein Gegenpol zur Stimme der Nachtigall ist!, rief Gott voller Freunde und bat die Weisheit, mit zu überlegen, wie denn nun der gerechte Ausgleich zu schaffen wäre. Dabei sah er, wie der Rabe, kaum dass ihm der Lebensodem eingehaucht war, hungrig nach den Weizenkörnern am Boden pickte. Er hat einen besonders großen Hunger. Hunger ist ein Zeichen dafür, dass ihm das Leben schmeckt, ein wichtiger Teil seiner Lebenslust. Danke!, rief Gott. Die Weisheit aber schüttelte verständnislos den Kopf. Sie wusste nicht recht, warum sich Gott bei ihr bedankte. Dann aber erinnerte sie sich: Gott selbst hatte sie, die Weisheit, seine Lust, seine tiefe Lust genannt und leise hinzugefügt: Lust hat viele Gesichter. Schön, dachte die Weisheit. Wunderschön! Und eins davon ist der Hunger. Ein untrügliches Zeichen für Geschmack am Leben.

Wie könnte der Ausgleich sein?, wiederholte Gott seine Frage und riss die Weisheit aus ihren Gedanken. Ein Vorbild im Singen ist der Rabe ja nun wirklich nicht, antwortete die Weisheit lachend. Vorbild! Genau. Danke! Er wird ein Vorbild sein, der Rabe. Ein Vorbild? Gott zögerte. Oder sollte ich besser sagen: ein Beispiel? Nein! Vorbild passt besser. Sie werden mich einmal nach ihm nennen und sagen: Gott, der den jungen Raben, die nach ihm rufen, ihr Futter gibt (Psalm 147,9).

Lange schaute Gott über die weite Ebene, als würde er in die Zukunft blicken. Gleichzeitig – und diese Fähigkeit, mehreres gleichzeitig zu tun, gehört zum Wesen Gottes –, gleichzeitig streichelte er zärtlich über die Flügel des Raben, der vertrauensvoll auf Gottes rechten Arm zurückgeflogen war, und sagte: Sehet die Raben an! Sie säen nicht, sie ernten nicht, sie haben auch keine Keller und Scheunen und Gott ernährt sie doch. Wie viel besser seid ihr als die Vögel (Lukas 12,24)!

Als hätten alle Pflanzen und Tiere aufmerksam zugehört, wurde es still im Himmel. Die Erzengel hatten – und darauf waren sie besonders stolz – sofort herausgehört, dass diesmal der Sohn aus dem Vater sprach. Dennoch ist es selbst für sie, wie für alle Engel, ein Geheimnis, dass Gott in lebendiger Beziehung zu sich selbst steht: zu sich als dem Schöpfer, dem Sohn und dem Heiligen Geist, der Gotteskraft, die in allem lebt. Und jedes Mal, wenn die Engel an dieses Geheimnis erinnert wurden, stimmten sie das ‚Ehre sei dem Vater und dem Sohn und dem Heiligen Geist' an. Der Rabe hatte dabei stolz seinen Kopf erhoben. Offensichtlich war er fest davon überzeugt, dass der Lobgesang ihm gegolten habe. Er zögerte darum auch keinen Augenblick, seine Antwort in den wolkenverhangenen Himmel zu krächzen:

Krahkrah krah krah krah!
Krahkrah krah krah krahkrah!
Krahkrah krah kraaah kraaah!
Krah krahkrahkrah kraah!

Danke, guter Gott!
Danke für den Hunger!
Alles schmeckt so gut!
So unendlich gut!

Danke für das Leben!
Es ist uns eine Lust!
Ohne dich, den Schöpfer,
wär' es reiner Frust!

Danke für das Schwarz!
Ein Schutz in jeder Nacht.
Für uns ist gut gesorgt
und alles recht gemacht.

Danke für die Stimme!
Wir krähen munter mit.
Singen dir auf einen Ton
unser Danke-Lied.

Danke für die Flügel!
Sie tragen uns zu dir.
Danke für die Luft,
das Lebenselixier!

Während der Rabe sang, fiel ihm immer noch etwas Neues ein, wofür er sich bei Gott bedankte. Er konnte gar nicht mehr aufhören und war fest davon überzeugt, dass sich alle über seinen Gesang freuten. Du bist ein sehr kluger Vogel!, unterbrach ihn Gott mit gütigem Lächeln.

Tief ins Nachdenken versunken, saß die Weisheit mit geschlossenen Augen unter dem blühenden Feigenbaum, so, als warte sie auf die nächste Liedstrophe. Hunger, murmelte sie leise vor sich hin: Hunger! Einmal möchte ich erleben, wie er sich anfühlt, der Hunger! Er ist so merkwürdig, dieser Rabe! Während sich alle anderen Tiere über den Hunger beklagen oder ihn möglichst schnell stillen wollen, bedankt sich dieser Schwarzkittel für den Hunger.

Danke!, rief Gott der Weisheit zu. Die schüttelte den Kopf, war ein wenig verwirrt. Hatte Gott sie belauscht? Wofür bedankt er sich jetzt? Ein Anflug von Ärger stieg in ihr hoch, weil Gott nicht wie sonst auf ihr Bedürfnis einging, sondern, ganz dem soeben erschaffenen Raben zugewandt, zu erzählen begann: Du wirst meinen treuen und mutigen Mitarbeiter, Elija, vor dem Hungertod retten. Wie ein Bruder wirst du Brot und Fleisch mit ihm teilen. Du, Vorbild göttlicher Fürsorge.

Mit gesenktem Kopf standen die Engel in fest geschlossenem Kreis um Gott. Wie immer, wenn er von einem der tiefsten und – wie die Weisheit stets hinzufügte – schmerzlichsten Geheimnisse, dem Tod, sprach, scharrten sie mit dem linken Fuß die Erde zu Staub auf. Doch Gott ließ sich in seiner Erzählung nicht unterbrechen: Sie werden sich dafür entscheiden, an unserem Wissen um gut und böse teilzuhaben, die Menschen. Sie haben die Freiheit dazu. Und ... Gott zögerte lange, bis er fortfuhr: Sie werden mich, ihren Schöpfer, vergessen, ja, verlassen. Vor selbst geschnitzten Holzklötzen, in Stein gemeißelten, in Gold gegossenen Gebilden werden sie niederfallen und sie anbeten.

Das darfst du auf keinen Fall ... Die Erzengel hatten die Flügel über den Köpfen zusammengeschlagen und lautstark zu protestieren begonnen. Doch Gott unterbrach sie energisch und rief: Keine Sorge! Dem Himmel werde ich gebieten, drei Jahre lang mit Tau und Regen äußerst sparsam zu sein. Mein treuer Diener Elija wird den Menschen den Zusammenhang von ihrem Verhalten und der Dürre erklären. Er wird sie an mich erinnern und sie zur Umkehr zu mir, dem Geber aller guten Gaben, ermahnen. In ihrer Blindheit werden sie sich auch gegen meinen Boten wenden und ihn verfolgen. Bei dem Wort ‚verfolgen' rückten die Engel noch näher zu Gott, so, als wollten sie ihn beschützen.

Vorsichtig packte Gott den Schnabel des Raben, sah ihm in die Augen und sagte: Durch euch, die Raben, werde ich meinen Boten Elija versorgen. Abends und morgens werdet ihr ihm Brot und Fleisch in seine Einsamkeit bringen.

Als hätte er jedes Wort verstanden, flog der Rabe los, kehrte nach wenigen Flügelschlägen um und rief: Krah krah krah krah krah krahkrahkrah. Krahkrah krahkrah krah! Dann flog er davon.

Nach langem vergeblichen Raten der Engel löste die Weisheit das Rätsel um die Bedeutung der Worte des Raben und übersetzte: Du kannst dich auf uns verlassen! Danke, guter Gott!"

So wurde ich ein Ziegenhirte

Oft kommt alles ganz anders als geplant. Ich hatte fest vor, für immer bei Perez zu bleiben, sozusagen sein Nachfolger zu werden. Perez war sehr alt und zunehmend auf meine Hilfe angewiesen.

Meinem Vater, der eines Tages vor Perez' Haus stand und mich aufforderte, nach Hause zurückzukommen, habe ich geantwortet: „Mein Zuhause ist jetzt hier. Ich bleibe bei Perez!" Mutter habe ich einen Abschiedsbrief geschrieben, mich bei ihr für alle Fürsorge und Liebe bedankt.

Ja, ich konnte lesen und schreiben. Perez hat es mir beigebracht. „Jeden Tag einen Buchstaben und damit zugleich eine Zahl. Buchstaben sind in unserer hebräischen Sprache gleichzeitig Zahlen." So hat meine „Schulzeit" bei Perez begonnen. Nie wurde es mir langweilig. Perez kannte zu jedem Buchstaben eine spannende Geschichte. Zum Beispiel für den Buchstaben „Beth, das bedeutet Haus" erzählte er mir die Geschichte vom Weltenhaus.

Neben dem Lesen und Schreiben habe ich an langen Winterabenden bei Perez auch das Korbflechten gelernt. „Gute Übung für die Geschicklichkeit der Hände!" Mit diesem Satz begann jede Flechtstunde.

Aber ich wollte ja jetzt von etwas anderem erzählen: von meinem Abschied von Perez.

Es war ein wunderschöner, unvergesslicher Morgen im Frühling. Es drängte mich schon vor dem Frühstück, hinauszugehen, in den Wald und auf die große Wiese vor dem Wald. Ich liebte die Stunde zwischen Nacht und Tag, wenn die Vögel mit ihrem Gesang den neuen Tag begrüßen und sich die wilden Tiere langsam in ihre schützenden Höhlen zurückziehen. Bereits auf dem Weg durch den Wald hörte ich von Weitem lautes Geschrei. Es kam, da irrte ich mich nicht, von der großen Wiese.

Ich fasste meinen Wanderstab, in dessen Knauf ich ein Löwengesicht geschnitzt hatte, fester und lief schneller. Auf der Wiese standen sich zwei Hirtengruppen gegenüber. Jede hatte die eigenen Ziegen und Schafe im Rücken. Die Hirten schrien einander an, stritten um die Wiese, den Weideplatz. Plötzlich schlug einer mit seinem Hirtenstab los. Mir war auf dem ersten Blick klar, dass die Gruppe auf der linken Seite die schwächere war. Ohne lange zu überlegen, stürmte ich los und kam ihr zu Hilfe. Im Kampf drehte ich meinen Stab um und schwenkte ihn als Waffe vor mir. Perez hatte mir diese Art des Kampfes mit dem Stock beigebracht. Dabei drehte ich den Stab so schnell, dass es für den Gegner unmöglich war, meinen Schlägen auszuweichen. So rückte ich Schritt für Schritt vor.

Doch plötzlich umringten mich drei der gegnerischen Hirten. Sie hatten mit ihren langen Hirtenstäben geschickt den Schwung meines Wanderstocks aufgehalten und prügelten auf mich ein. Jetzt hilft nur noch eins, dachte ich und erinnerte mich an Perez' Rat: „Wenn du in äußerste Gefahr kommst, setze deine Beine ein!" Stundenlang hatte Perez mit mir die Fußtechnik geübt, bis ich mit jedem Fuß, dem rechten wie dem linken, einer großen Bärin – Perez hatte aus einem Bärenfell eine Attrappe aufgebaut – mit Wucht gegen den Kopf treten konnte, sodass sie umfiel. Bei jedem Tritt schrie ich laut auf. Am Ende konnte ich mit den Fersen dicke Bretter durchschlagen. Blitzschnell drehte ich mich dabei nach allen Seiten. So gelang es mir, auch die Feinde in meinem Rücken abwehren.

Zielsicher schaffte ich mir mit dieser Fußtechnik Hirte für

Hirte vom Hals. Wen meine Ferse am Kopf traf, der konnte sich nicht mehr auf den Beinen halten. Der Kampf dauerte noch etwa eine halbe Stunde, dann ergriffen die gegnerischen Hirten die Flucht. Wir jagten den Besiegten nach, umzingelten einen Teil ihrer Herde und trieben die eroberten Tiere der eigenen Herde zu.

Ach so, dachte ich, das ist der Siegespreis. Und tatsächlich, die Hirten bedankten sich überschwänglich bei mir für meine Hilfe und schenkten mir die Siegesbeute.

Ich erschrak. Was sollte ich mit den etwa dreißig Ziegen anfangen? Von Tierhaltung hatte ich wenig Ahnung. Doch als ich die Tiere so vor mir hertrieb, erwachte der alte, lange verdrängte Traum in mir, Hirte zu werden. „Kann ich nicht bei euch bleiben?", fragte ich den Hirten, von dem ich annahm, dass er der älteste und als solcher zugleich der Anführer der Hirtengruppe war. „Als Einstieg schenke ich euch die erbeuteten Ziegen zurück."

Der alte Hirte, sie nannten ihn Simeon, blieb lange vor mir stehen, schaute mir in die Augen und antwortete: „Ja! Doch die Ziegen bleiben dein Eigentum, als Dank für deine Hilfe." Merkwürdig, in diesem Augenblick war mir so, als stünde Perez neben mir und nicke. So wurde ich ein Ziegenhirte.

Kurz darauf kamen mir jedoch große Bedenken: Was würde aus Perez ohne meine Hilfe? Durfte ich ihn so einfach alleine, sich selbst überlassen? Schwerer, immer schwerer wurden meine Beine auf dem Weg zu Perez. Ich wollte mich von ihm verabschieden. Perez saß auf einem Stuhl in der offenen Haustüre. Hatte er auf mich gewartet? Als ich vor ihm stand, las er in meinen Augen und nickte. Ohne ein Wort zu sagen, gingen wir ins Haus.

„Setzt dich erst einmal hin!", sagte Perez. „Ich muss deine Beulen am Kopf behandeln." Er holte sein breites Schnitzmesser aus dem Schrank und legte es auf die Beulen. Das kühlte, linderte die Schmerzen und die Schwellungen gingen zurück.

Aus der Küche roch ich meine Lieblingsspeise: Linsensuppe mit Speckwürfeln. Nach dem Essen, das wir wie gewohnt schweigend einnahmen, räumte Perez nicht den Tisch ab, sondern holte aus der Ecke neben dem Ofen seinen Wanderstab und gemeinsam traten wir vor die Tür.

Lange umarmte mich Perez. „Danke!", flüsterte er unter Tränen, „Dank für alles!" Langsam löste er sich von mir. Seine Stimme war wieder klar und fest. „Drei Sätze möchte ich dir zum Abschied sagen." Er schaute auf die Beulen an meinem Kopf.

„Pass auf deinen dunklen Bruder auf! Und: Hör nicht auf, Gott in der Wirklichkeit deines eigenen Lebens, in deinen Grenzen, deiner Zerrissenheit, in deinen Gaben und Fähigkeiten zu suchen und so dich selbst zu finden."

Perez schwieg einige Augenblicke, als habe er den dritten Satz vergessen. Dann ging sein Blick an mir vorbei. Nein, ich hatte vielmehr den Eindruck, Perez würde durch mich hindurchsehen, mich durchschauen: „Ich bin schon alt, aber du wirst ihm begegnen, wirst ihn erkennen und sein Geheimnis entdecken!"

Daraufhin drückte mir Perez seinen Wanderstab, er war mit dem Gesicht eines Bären verziert, in die Hand und verabschiedete sich: „Behüte dich Gott. Der wird auch für mich sorgen." Entschlossen drehte Perez sich um und ging ins Haus.

Wie gelähmt stand ich eine Weile da. „Jetzt!", sagte ich mir. „Jetzt oder nie!", nahm Perez' Wanderstab und machte mich auf den Weg.

Auf dem Weg zu den Hirten gingen mir Perez' Sätze nicht aus dem Kopf. Wen meinte er mit „ihm", dem ich begegnen, den ich erkennen und dessen Geheimnis ich entdecken würde? Und wie sollte ich auf meinen dunklen Bruder aufpassen, wenn ich den doch gar nicht kannte? Rätselhaft war mir auch sein zweiter Satz. Waren für Perez Selbst- und Gotteserkenntnis so eng miteinander verbunden, dass er meinte, sich selbst finde, wer Gott begegnet? Fragen über Fragen!

Auf halbem Weg zurück zu den Hirten kam mir Benjamin, der Hirtenjunge, ganz außer Atem entgegengelaufen: „Schnell, schnell! Sie sind zurückgekommen!" Als wir am Rand der großen Wiese standen, sah ich, dass die Hirten, die wir am Morgen vertrieben hatten, mit drei Mann Verstärkung zurückgekommen waren. „Das wird ein harter Kampf. Ich bin mir nicht sicher, ob wir diesmal gewinnen", dachte ich.

Nein, wir griffen nicht zuerst an. Wir warteten, während die Gegner auf uns zu kamen. Doch als sie gerade zum Angriff ansetzen wollten, blickte einer von ihnen zurück und was er sah, ließ ihn aufschreien. Entsetzt wandten sich auch die anderen um. Hinter ihnen, ganz hinten am Wiesenrand, brannten ihre Schäferkarren.

Das Feuer hatte bereits die ausgetrocknete Wiese erfasst und die Ziegen rannten in den Wald. So schnell sie konnten, liefen die Hirten zurück, um das Feuer zu löschen.

Nein, wir jagten ihnen nicht nach. Erleichtert schlugen wir uns gegenseitig auf die Schulter und freuten uns. Doch dann stellte sich Simeon breitbeinig vor uns auf: „Bei Feuer ruhen alle Streitigkeiten. Da gibt es nur einen gemeinsamen Gegner! Wir werden ihnen helfen, das Feuer zu löschen." Einige von uns murrten. Doch keiner wagte zu widersprechen.

Gemeinsam gelang es uns, das Feuer einzudämmen. Zwar konnten wir es nicht völlig löschen, aber zum Glück kam uns ein Gewitterregen in der Nacht zur Hilfe. Mitten auf der abgebrannten Wiese haben wir am anderen Morgen Frieden miteinander geschlossen.

Einen Tag später zog ich mit den Hirten weiter in Richtung Bethlehem. Auf die Frage, wer das Feuer gelegt hatte, wusste keiner von uns eine Antwort. Doch ich hatte eine Ahnung.

Von der Nacht, in der ich mein Vertrauen in die Mitmenschen verlor

Oft hat mich in den folgenden Wochen und Monaten die Sehnsucht nach Perez überfallen. Ich habe von ihm geträumt, mich an die langen Spaziergänge und die Gespräche mit ihm erinnert. Doch tief in meinem Inneren war ich mir sicher: Einen Weg zurück gibt es für mich nicht.

Tag für Tag habe ich mich in mein neues Leben bei den Hirten eingelebt. Was sage ich: eingelebt? Ich wurde eingelebt. Die Vorstellung vom gemütlichen Hirtendasein, die Bilder von Hirten, die auf ihren Hirtenstab gestützt die schöne Landschaft genießen, sie alle verflogen bereits nach den ersten Wochen. Hirtenleben ist knochenharte Arbeit. Im Sommer, wenn sie Sonne unbarmherzig vom Himmel brennt, sind Weideflächen und Wasserstellen hart umkämpft. Auch wir mussten einige Male vor stärkeren Hirtengruppen weichen. Ich erkannte bald, dass wir zwar stark, aber nicht die stärksten waren. Die Wölfe, wie sie sich selbst nannten, waren die gefürchteste und brutalste Hirtengruppe. Sie scheuten sich nicht, von ihren Schwertern – keiner wusste, woher sie die hatten – Gebrauch zu machen. Für einen gewöhnlichen Hirten war ein eisernes Schwert unerschwinglich.

Auch wir waren im Kampf nicht zimperlich. Ich selbst entdeckte in mir eine unbändige Lust zuzuschlagen. Vor drei Wochen, im Kampf um das Wasserloch in Ophra, hätte ich einen gegnerischen Hirten beinahe zu Tode geprügelt. Simeon hat mich energisch am Kragen gepackt und „aufhören!" geschrien, „sofort aufhören!" Der feindliche Hirte, der am Boden lag und aus der Nase blutete, stand auf, warf Simeon einen Blick zu und hinkte weg, so schnell er konnte. Seine Kameraden hatten ihn offensichtlich im Stich gelassen. Simeon hielt mir eine Strafpredigt und ermahnte mich eindringlich: „Du musst deinen Jähzorn bändigen!"

Ich erschrak. Ist Jähzorn mein dunkler Bruder, vor dem Perez mich gewarnt hatte?

Seit dieser Prügelei, das spürte ich deutlich, wurde ich in der Hirtengruppe immer einsamer. Hatten die anderen Angst vor mir, vor dem dunklen Bruder in mir? Kannten sie ihn besser als ich selbst? Doch wie sollte ich ohne Wut im Bauch den Kampf auf Leben und Tod mit den anderen Hirten, den Wilddieben und wilden Tieren bestehen?

Gott sei Dank hat sich im Laufe der Jahre im Streit um Wasserlöcher, Quellen, Brunnen und Weideland zwischen den verfeindeten Hirtengruppen eine gewisse Kampfordnung herausgebildet. Wenn ich mich recht erinnere, kamen die Vorschläge von Simeon: Die Prügeleien sollten beendet werden, sobald deutlich wurde, wer der Stärkere war. Das zeigte sich in der Regel nach der ersten halben Stunde. Dann sollte zum Rückzug geblasen werden. Wer zuerst ins Schafhorn blies, gab seine Niederlage bekannt und trat den Rückzug an.

Doch wie so oft bei gut gemeinten Vorschlägen, in der Hitze des Kampfes wurden sie meistens vergessen. Man prügelte so lange aufeinander ein, bis sich keiner mehr auf den Beinen halten konnte.

Im Vergleich zu den Kämpfen der Hirten untereinander wurden die Auseinandersetzungen mit den Wilddieben noch brutaler. Viele verarmte Bauern waren als Wilddiebe unterwegs. Sie hatten ihr eigenes Land, oft sogar auch ihre Frauen und Kinder als Leibeigene an den Großgrundbesitzer verkaufen müssen, weil sie nach mehreren Missernten ihre Schulden nicht mehr bezahlen konnten. Um nicht ebenfalls in lebenslange Schuldknechtschaft zu geraten, zogen die flüchtigen Bauern das Leben als Wilddiebe vor. Sie jagten im Wald Hasen, Rehe, Rebhühner und Enten. Nachts brachen sie im Schutz der Dunkelheit in die Pferche der Ziegen und Schafe ein und stahlen sich von unseren Tieren eine eigene Herde zusammen. So wuchs die Zahl der Hirten und damit auch die der Auseinandersetzungen um Wasserquellen und Weideland.

Doch nur wenige Hirten schafften es, sich alleine durchzuschlagen. Die meisten schlossen sich früher oder später einer Hirtengruppe an. Damit verloren sie allerdings ihre Ziegen und Schafe, ihr gestohlenes Eigentum. Erst vor einem Jahr, beim Aushandeln der Pachtverträge, hatte ich erfahren, dass die großen Herden nicht den Hirten selbst, sondern den Großgrundbesitzern gehörten. Die Herden waren nur für eine bestimmte Zeit gemietet. Es war praktisch unmöglich, neben der gemieteten auch noch eine eigene Herde zu halten, denn der Herdenbesitzer schickte unangemeldet seine Kontrolleure, die die Tiere mehrmals im Jahr durchzählten. Natürlich haben sie alle Tiere gezählt und die Zahl dem Herdenbesitzer gemeldet.

Ich bin damals sehr erschrocken und wütend geworden: „Ihr habt mich belogen!", schrie ich meine Freunde an. „Ihr habt mir nach dem Kampf vor einem Jahr die Ziegen als Belohnung geschenkt." Wieder war es der alte Simeon, der mich beruhigte: „Was hätten wir dir sagen sollen? Die Tiere sind nicht schuld an den ungerechten Verhältnissen unter den Menschen. Du musst die dir anvertrauten Tiere wie dein Eigentum behandeln, sonst kannst du sie nicht lieben." Ich verstand das nicht, kochte vor Zorn und war fest entschlossen, gegen die Großgrundbesitzer für die Rechte von uns Hirten zu kämpfen.

Doch als ich dann mit meinen Freunden vor dem Großgrundbesitzer stand, um neue Pachtverträge auszuhandeln, erkannte ich: Der Kampf ist aussichtslos. Aussichtslos schon darum, weil wir Hirten untereinander zerstritten waren. So hatte der Herdenbesitzer leichtes Spiel: Wer aufmüpfig war, wurde sofort fristlos entlassen. Es warteten zu viele darauf, angestellt zu werden, trotz der Billiglöhne.

So auch diesmal: Wie am Ende eines jeden Jahres rechnete uns der Großgrundbesitzer vor, um wie viele Jungtiere unsere Herde im vergangenen Jahr gewachsen sein müsste. Er zählte die Tiere durch. Waren es weniger, als er berechnet hatte, zog er den Preis für die fehlenden Ziegen und Schafe von dem ohnehin spärlichen Jahreslohn ab. Ihn kümmerte es nicht, ob Ziegen von Wilderern geraubt, Schafe von Bären gerissen oder an Altersschwäche gestorben waren. Die Zahl der an Altersschwäche gestorbenen Tieren war jedoch nie sehr hoch. Das heißt, wir haben die Tiere nie irgendwo liegen gelassen, sondern vorher geschlachtet und aufgegessen. Ja, wir lebten auch vom Fleisch der Tiere, von ihrer Milch, ihrer Wolle. Das war sozusagen unser Nebenverdienst.

Wir hatten Glück. Der Herdenbesitzer teilte uns lobend mit, die Zahl der neugeborenen Tiere übertreffe seine Erwartungen. Doch er müsse sparen und könne darum im neuen Jahr nicht alle von uns anstellen. Ein leises Murren erhob sich. Doch das störte ihn nicht. „Der Alte da", rief er und zeigte auf Simeon, „ist entlassen!" Keiner von uns wagte, Einspruch zu erheben. Wusste der Großgrundbesitzer, dass Simeon in letzter Zeit oft krank gewesen ist? Gab es unter uns Spitzel und Verräter?

Doch mein Verdacht war unbegründet. Eigentlich war es sonnenklar: Ohne Simeon wären wir alle in kurzer Zeit total zerstritten. Nach der Verhandlung mit dem Herdenbesitzer sind wir darum auf Simeon zugegangen und haben ihm versichert: „Du gehörst weiterhin zu uns. Wir füttern dich mit durch, teilen mit dir unseren Lohn." Simeon traten die Tränen in die Augen.

Auf dem Rückweg zu unserer Herde kochte ich innerlich vor Zorn. Simeon ging lange schweigend neben mir her. Mitten auf dem Weg blieb er plötzlich stehen, legte mir die Hand auf die Schulter und sagte: „Ich kenne sie wie du, trage sie in mir und hüte sie – die Wut. Sie bleibt jedoch nur dann lebendig, wenn du sie mit der Sehnsucht verbindest. Die Sehnsucht ist das Auge, ich könnte auch sagen, das Licht der Wut; die Kraft, die die Wut davor bewahrt, blind dreinzuschlagen." Simeon fügte dann noch zwei Sätze hinzu, die ich erst lange nach jener Nacht, in der das Kind geboren wurde, verstanden habe: „Wer sich nach dem Licht sehnt, ist nicht lichtlos, denn die Sehnsucht ist schon ein Licht. Sehnsucht und Wut sind starke, unbezwingbare Geschwister." Seit dem Gespräch mit Simeon habe ich versucht, beide miteinander zu verbinden, die Wut und die Sehnsucht.

Außer Simeon hat mir Benjamin, der Hirtenjunge, dabei geholfen. Er hörte mir zu und stellte Fragen. Zum ersten Mal seit den Gesprächen mit Perez erfuhr ich, wie heilsam Zuhören ist.

Nie vergessen werde ich jenen rauen Herbsttag drei Monate vor der Geburt des Kindes im Stall von Bethlehem: Ich hatte mich mal wieder freigeprügelt, wie ich es nannte. Nein, diesmal hatte ich nicht auf einen Wilddieb eingeschlagen, sondern auf eine Ziege, die nicht folgte. In meiner Wut hatte ich dermaßen auf das Tier eingedroschen, dass dabei mein Hirtenstock auf seinem Rücken zerbrach. Kurz darauf fragte mich Benjamin: „Sag mal, woher kommt deine Wut? Ich meine, sie hat doch eine Quelle in dir?"

Diese Frage hat mich nicht mehr losgelassen. Sie wurde ein Wächter vor meinen Gedanken und meinen Taten und hat mich davor bewahrt, die Sehnsucht aufzugeben, zu verraten, sie von der Wut ersticken zu lassen.

Benjamins Frage kam gerade noch zur rechten Zeit. Ohne sie wäre ich in der Nacht, wenige Tage später, verzweifelt. Es war die Nacht, in der ich mit der Bärin kämpfte. Ich habe ja schon vorher kurz davon erzählt. Mein linkes Auge habe ich in jener Nacht verloren und mein Vertrauen in die Mitmenschen.

Ich war zur Wache eingeteilt. Wenige Minuten nach Mitternacht schlugen die Hunde an. Die Hirten weckten mich, denn ich schlief meistens so fest, dass ich nichts mehr um mich herum hörte. „Gerschom, der im Stehen schlafen kann", nannten sie mich oft.

Ich ging also, meinen Speer fest im Griff, los und sah mich plötzlich einer großen, ausgewachsenen Bärin gegenüber. Sie stand auf den Hinterbeinen aufgerichtet vor mir und ihr Schatten fiel im Licht des Vollmondes wie ein riesiges Gespenst auf die Wiese. Ohne Mühe hatte die Bärin den Zaun zertrümmert und war in den Pferch eingebrochen. Schafe und Ziegen liefen in Panik auseinander.

Wie immer stieß ich zuerst einen gewaltigen Brüller aus. Die Bärin blieb stehen und wartete ab. Langsam ging ich auf sie zu. Wie eine erfahrene Fechterin wehrte sie jeden Angriff mit der Pranke ab. Kein Speerstich, kein Fußtritt erreichte ihren Körper. Fest im Auge behielt sie mich, die Bärin, achtete auf die kleinste meiner Bewegungen. Urplötzlich, darauf war ich nicht gefasst, schlug sie nicht nur mit der rechten Pranke meinen Speer zu Seite, sondern holte mit ihrer linken weit aus und erwischte mich am Kopf und am Arm. Einer ihrer scharfen Krallen kratze mir das linke Auge aus und riss eine tiefe Wunde in meinen Arm.

Ich schrie, so laut ich konnte, um Hilfe. Vergeblich! Voller Angst, die Bärin könnte mich verfolgen, rannte ich zum Schäferkarren. Drinnen stritten sie miteinander, wem mein Hilferuf gegolten hätte.

Sie haben mich dann zwar verbunden, doch die tiefe Enttäuschung, die Wunde in mir, hat niemand gesehen. Sie brannte seitdem und hätte beinahe auch die Sehnsucht verbrannt.

Euch ist heute der Heiland geboren

*E*in fürchterliches Gewitter zog über die Berge Judäas. „Zum Glück bin ich nicht zur Wache bei den Herden draußen auf dem Feld eingeteilt", sagte ich mir und drehte die Lammkeulen um. Ja, am Ende eines Monats gönnten wir uns ein Lamm, als kleine Belohnung, wieder einen Monat geschafft zu haben.

Ich war an diesem Abend, viele nennen ihn den Heiligen Abend, zum Küchendienst eingeteilt. Notdürftig hatte ich eine Zeltplane aus fünf aneinander genähten Ziegenfellen über die Feuerstelle gespannt. Doch dreimal fegte der Wind mein Zeltdach weg, bis ich die Feuerstelle unter die Eichen, hinter den Schäferkarren verlegte. Lange brauchte ich, um das Zeltdach zwischen den Stämmen der Bäume festzuschnüren. Das war darum nicht so einfach, weil ich ja gleichzeitig nach den Lammkeulen schauen, die Spieße ständig umdrehen und das Feuer vor dem Erlöschen durch den Regen schützen musste. Doch kurz bevor meine Freunde vom Hirtenfeld zurückkamen, war die Feuerstelle regensicher. Im Kreis um das Feuer hatte ich für jeden einen Holzklotz als Sitzplatz aufgestellt.

Alles war bereit: die Lammkeulen, zart gebraten und gut mit Thymian und Knoblauch gewürzt. Vorher sollte es Rotkleesuppe geben, als Nachspeise Ziegenkäse mit wildem Honig, eine Hirtenspezialität.

Schon von Weitem hörte ich meine Freunde laut miteinander reden. Hatten sie sich wieder einmal zerstritten? Nein, sie zankten sich nicht. Sie erzählten sich etwas, waren voller Unruhe, geradezu aufgekratzt. Benjamin trug ein schwarz-weiß gesprenkeltes Zicklein auf der Schulter. Alle waren völlig durchnässt. Von Engeln sprachen sie und dem himmlischen Kind, das in dieser heiligen Nacht, in einem Viehstall, das Licht der Welt erblickt habe.

„Wir haben leider keine Zeit zum Essen", sagte Simeon zum Schluss. „Wir müssen sofort weiter. Der Bote Gottes hat uns zum Geburtstag des himmlischen Kindes eingeladen." Ohne meine Antwort abzuwarten, liefen sie zum Hirtenkarren, zogen sich trockene Kleider an und rannten davon. Offensichtlich war für sie alle selbstverständlich, dass ich weiterhin Wache schieben würde. Lange schaute ich ihnen nach.

Ich war ja nicht dabei, als ihnen der Engel erschienen ist, und bin folglich auch nicht mit eingeladen, dachte ich und griff dabei unwillkürlich an meine Augenklappe. Das Kind und seine Eltern würden sich vermutlich vor mir fürchten. Außerdem, wer weiß, was die sich in ihrer Angst da draußen auf dem Feld, bei dem Gewitter, mal wieder zusammengesponnen haben! Heilige Nacht? Ist nicht jede Nacht heilig, einzig in ihrer Art?

Heilig, so hatte es mir Perez erklärt, heißt Gott gehörig. „Nachts", so sagte er, „das ist die Zeit, in der wir den vergangenen Tag dem zurückgeben, der ihn uns geschenkt hat; den Tag in Gottes Hände legen. Jede Nacht ist darum eine heilige Nacht."

Traurig und auch ein wenig wütend blieb ich in jener Nacht allein. „Nein!", habe ich mir gesagt, „ich warte nicht, bis sie zurückkommen. Ich esse jetzt!" Doch ohne die anderen schmeckt es nicht so gut.

Nach dem Essen spannte ich meine selbst geknüpfte Hängematte zwischen zwei Bäumen aus, legte mich hinein und schaute den Wolken nach. Ungewöhnlich schnell zogen sie über den Nachthimmel. Zwischendurch kam der Mond zum Vorschein. Blitze zuckten über den Himmel und erleuchteten die Nacht taghell. Ein unbeschreiblicher Duft lag in der Luft. Es kam mir so vor, als würden Bäume, Sträucher, Gräser, Blumen, ja, selbst die Berge und Hügel nach langer Dürre aufatmen. Nur ich war traurig.

Wenn es mir schlecht ging, floh ich ins Traumland der Kobolde, Hexen und Baumgeister. Kaum war ich in ihrem Land angekommen, bellten mich die Wachhunde in die Wirklichkeit zurück. Ich sprang aus der Hängematte und ergriff meinen Speer. Sollte sie nur kommen, die Bärin!

Aus dem Dunkel der Nacht hörte ich vom Schäferkarren her, wie jemand meinen Namen rief: „Gerschom, Gerschom! Wo bist du? Komm raus! Du musst mit nach Bethlehem! Alle warten auf dich!" Es war Benjamins Stimme. „Für Fragen ist jetzt keine Zeit", sagte er, als er vor mir stand. „Ich erkläre dir alles unterwegs."

Mir drehten sich die Gedanken im Kopf. Jetzt noch nach Bethlehem laufen, mitten in der Nacht? Alle warten auf mich? Warum auf mich? Ein wenig widerwillig zog ich meine Stiefel an und ging, Benjamin zuliebe, mit. Schließlich war er ja meinetwegen noch einmal den weiten Weg zurückgelaufen.

Benjamin ging sehr schnell. „Ohne Ziege auf dem Buckel läuft es sich leichter", rief er mir lachend zu. Ich hatte Mühe, mit ihm Schritt zu halten. „Im siebenten Stall", begann Benjamin und holte zwischendurch hastig Luft, „im siebenten Stall haben wir tatsächlich ein Ehepaar mit einem neugeborenen Kind gefunden. Das Kind hat nicht einmal ein eigenes Bettchen. Es liegt in einer Futterkrippe. Daran haben wir es erkannt, das göttliche Kind. Der Bote Gottes hatte es uns so beschrieben."

Ansonsten war nichts Göttliches zu erkennen gewesen, erzählte Benjamin weiter. Der Stall roch nach Esel und Kuh, Hühner saßen auf der Leiter, die zum Heuboden führte, und oben auf dem Heuhaufen neben der Futterkrippe schlief die Katze.

Vergeblich hatte Benjamin in dem Gebälk nach einem der Engel gesucht, die den Hirten draußen auf dem Hirtenfeld erschienen waren. Doch keine Spur von einem göttlichen Boten. Alles um sie herum nur dreckiger Stall.

Die Eltern, das hatte er sofort an ihren Kleidern gesehen, waren bettelarm wie die Hirten. Doch ihre Augen! Sie leuchteten! Oder hatte sich nur das Licht der Stalllaterne in ihnen gespiegelt? Benjamin wusste es nicht mehr.

Ziemlich hilflos standen sie im Stall herum, wussten nicht, was sie sagen oder tun sollten. Erstaunt und verwundert schauten die Eltern des Kindes sie an. Simeon erlöste die anderen Hirten aus ihrem Schweigen, das Benjamin wie eine Ewigkeit vorkam. „Kommt mal mit raus! Wir müssen etwas klären!", flüsterte er ihnen zu. Benjamin sah die Mutter des Kindes an, sie nickte.

Draußen vor der Tür fragte Simeon: „Habt ihr das auch gespürt? Die Augen der Frau sind immer wieder von einem zum anderen von uns gewandert. Bei mir, ich stand ja ganz rechts außen in der Ecke, blieben ihre Augen fragend stehen und blickten dann an mir vorbei ins Leere. Sagt, habt ihr das auch beobachtet?", fragte Simeon. Sie schüttelten die Köpfe.

„Gerschom fehlt. Wir müssen ihn holen! Ohne ihn können wir nicht wieder in den Stall zurück!" Simeon hatte das mit solcher Entschlossenheit in seiner Stimme gesagt, dass ihm keiner zu widersprechen wagte.

Benjamin schluckte, er kam ins Stocken mit seinem Bericht. „Auf einmal", fuhr er leise fort, „hörte ich wieder den Boten Gottes: Euch ist heute der Heiland geboren! Er meinte uns alle. Dich auch!" Hastig fuhr Benjamin dann mit seiner Erzählung fort: „Ohne große Diskussion habe ich mich angeboten und gesagt: Ich laufe zurück und hole Gerschom."

Als Benjamin und ich dann völlig außer Atem vor dem Stall von Bethlehem standen, kam Simeon auf mich zu, nahm mich in die Arme und flüsterte unter Tränen: „Verzeih unsere Blindheit!" Dann hakte er mich ein und wir gingen als Erste in den Stall.

Nacheinander fielen meine Freunde vor dem Kind in der Krippe auf die Knie und falteten ihre groben Hände zum Gebet. Nur ich, ich konnte nicht hinknien. Ich blieb stehen, schaute auf das Kind, seine Eltern, meine Freunde, die Balken an der Decke, das Stroh ... Mein Blick suchte etwas. Ich wusste nicht, was. Schließlich beruhigte sich mein Auge. Es wechselte den Blick von der Mutter zum Kind, von dem Kind zur Mutter. Ich las in ihrem Gesicht Freude und Schmerz und erkannte: Du bist auch eine von uns, eine Einsiedlerin. Einsam mitten unter den Menschen. Unwillkürlich griff ich dabei mit der Hand nach der Augenklappe. „Ja", sagte ich leise zu mir. „Auch mit einem Auge kannst du sehen! Dein inneres Auge sieht mehr. Ihm gilt es zu folgen." Wie oft hatte Perez von dem inneren Auge gesprochen und gesagt: „Wer sehen will, muss die Augen schließen."

„Merkwürdig! Das innere Auge sieht mehr. Doch ich kann beim besten Willen nichts Außergewöhnliches an dem Kind in der Krippe erkennen. Es sieht aus wie alle Säuglinge: blass und hilflos", sagte ich halblaut vor mich hin. Meine Hand, auch das wunderte mich, ging von der Augenklappe nicht zurück in die Manteltasche, sondern an meine Brust, zu der kleinen Schachtel. Ich hatte sie selbst geschnitzt und einen glitzernden Stein, den ich im Steinbruch gefunden hatte, darin aufbewahrt. Die Schachtel trug ich an einem Lederband immer bei mir. Meine Hand zog die Schachtel unter dem Hemd hervor und legte sie auf die Krippe ins Stroh.

„Danke!", flüsterte ich und spürte, wie mein Auge, meine Gedanken, mein Herz zur Ruhe kamen.

Veränderungskraft nenne ich seitdem diese Kraft. Sie ging von dem Kind in der Krippe, das seine Eltern Jesus, das heißt: Gott hilft, nannten, auf mich über und hat mich verändert. Ich bin im Stall von Bethlehem, ohne dass ich das genauer beschreiben kann, ein anderer Mensch geworden.

Wieder war mir so, als stünde Perez neben mir. Wie oft hatte er von der göttlichen Kraft gesprochen: „Du erkennst sie daran, dass sie dich ohne Erwartungsdruck zum Leben lockt." Damals habe ich das nicht verstanden. Doch jetzt, jetzt spürte ich sie, diese Kraft. Ich spürte sie merkwürdigerweise wie eine Melodie im Kopf, ja, wie ein Lied. Auf dem Heimweg habe ich es angestimmt, meinen Freunden vorgesungen und alle haben, als hätten sie dieselbe Melodie im Ohr, sofort mitgesungen. Benjamin hat es auf der Flöte begleitet. Das eine, ein Tanzlied, haben wir draußen vor dem Stall getanzt. Das andere auf dem Heimweg gesungen, als unsere Füße immer schwerer wurden. Es hat uns buchstäblich Beine gemacht. Wenn einer nicht weiterwusste, ist dem anderen eine neue Strophe eingefallen.

Doch zwischendurch sind mir immer wieder Zweifel und Bedenken gekommen: „Ob du, kleiner Jesus, wirklich für uns geboren bist, wird sich morgen früh zeigen, wenn der harte Alltag beginnt. Ich bin gespannt."

Merkwürdig, das hätte ich beinahe vergessen: Die Veränderungskraft spürte ich nicht nur als Melodie im Kopf. Sie hat auch ein Bild in mein Herz gemalt: Das Bild von Lea, der Tochter des Wirts von Bethlehem.

Ich habe so große Angst, dich zu verlieren

Als wir in jener Nacht aus dem Stall von Bethlehem traten, stand Lea, die älteste Tochter des Wirts, an der Tür. Neben ihr Susanna, ihrer jüngere Schwester. Lea guckte nicht auf die Augenklappe, sondern auf meine Hände. Ich pflege meine Hände, wasche sie oft, creme sie jeden Tag mit einem besonderen Öl ein, das ich selbst aus Oliven, Pinienkernen und Lavendel gepresst habe. Beim Anblick meiner aus Ziegenleder genähten Stiefel lachte Lea laut auf. Na ja, dachte ich. Die haben schon viele holprige Wege hinter sich und die Sohlen haben inzwischen große Löcher. Müsste mir mal neue nähen!

Als Lea – sie war jung und hübsch – mir so unverhofft gegenüberstand, erwachte der Wunsch in mir, eine Frau zu haben, eine große Familie mit vielen Kindern. Beim Tanzen vor dem Wirtshaus hat Lea sich bei mir eingehakt und mir ins Ohr geflüstert: „Komm bald wieder! Ich hüte jeden Tag die Schafe oben am Hang, hinter unserem Haus."

Seitdem bin ich in meiner Freizeit oft nach Bethlehem gegangen. Lea und ich haben uns getroffen, aus unserem Leben erzählt und einander lieb gewonnen. Lea träumte davon, in Jerusalem zu wohnen, in einem großen Haus, mit parkartigem Garten. Rauschende Feste wollte sie darin feiern, in kostbaren Kleidern und Schuhen Nächte lang durchtanzen. „Schuhe", sagte sie lachend, „sind für mich die schönsten und wichtigsten Kleidungsstücke. Ich wünsche mir für jede Woche ein Paar!"

„Das alles wirst du von mir nicht bekommen", antwortete ich

lachend und fügte hinzu: „Der Preis für ein solches Leben wird sehr hoch sein." Lea nickte und wir beide hielten uns fest in den Armen. Dabei versprach ich ihr, sie von nun an jede Woche zu besuchen. „Für die fehlenden Schuhe!", flüsterte ich ihr ins Ohr.

Meine Mithirten spürten bald, was mit mir los war. Simeon nahm mich eines Abends beiseite und sagte: „Das Feuer in dir kannst du nicht mehr verbergen. Lad Lea doch mal zu uns ein!" Woher wusste Simeon von Lea? Kannte er sie? Erinnerte er sich auch noch an sie, von jener Nacht her, als wir das königliche Kind besucht hatten?

Doch Lea weigerte sich, uns zu besuchen. Ihr Vater würde es ihr nicht erlauben, alleine von zu Hause wegzugehen. Sie wüsste auch nicht, was sie ihm als Begründung dafür sagen sollte. So blieb es dabei: Ich besuchte Lea, sooft ich konnte. Lea erzählte von dem Leben im Gasthaus, den verschiedenen Gästen und Besuchern und immer wieder von jener Nacht, als das Kind geboren wurde: „Unser Haus war vom Dachboden bis ins Wohnzimmer mit fremden Leuten belegt. Vater und Mutter haben sogar ihr eigenes Schlafzimmer einem reichen Ehepaar aus Tiberias zur Verfügung gestellt.

Ein junger Mann aus Jerusalem", so erzählte Lea weiter, „hat in dem Zimmer, das ich mit Susanna teile, geschlafen. Er trug Anzüge aus feinstem Stoff und viele goldene Ringe an den zarten Fingern. Eigentlich wollte er im ‚Goldenen Ochsen' wohnen, aber da war kein Zimmer mehr frei gewesen. Darum hat er sich mit diesem etwas ärmlichen Zimmer zufriedengeben müssen. Als ob unser Zimmer nicht gut genug für ihn gewesen wäre! Es liegt nach hinten, zum Garten hin und ist sehr ruhig. Na ja, ein bisschen klein zwar, aber sonst sehr gemütlich."

Lea hatte sich richtig in Rage geredet. „Der Kerl hat mich oft so komisch angestarrt. Ich konnte ihm ja nicht immer aus dem

Weg gehen. Als er sich nach der Volkszählung von meinem Vater verabschiedete, haben die beiden an der Tür lange miteinander gesprochen", fügte Lea hinzu. „Der junge Mann hat sich bei meinem Vater überschwänglich bedankt und ihm ein sattes Trinkgeld zugesteckt. Ich habe alles genau beobachtet. Das Geld hat Vater ganz für sich alleine behalten und versoffen." Leas Stimme wurde sehr ernst und hart: „Eigentlich hätte er uns, meiner Mutter und Susanna und mir, davon abgeben müssen. Wir hatten schließlich alle in jenen Tagen fest im Haus mitgeholfen, die Gäste bedient, das Geschirr gespült, die Betten gemacht ..."

Lea kuschelte sich an mich und erzählte von dem Kind, wie sie es gebadet und der jungen Mutter, die, wie Lea meinte, nicht älter als sie gewesen sei, an die Brust gelegt hatte. „Ich wünsche mir auch eine Familie und ein Baby, aber ..." Nein, Lea sprach den Satz nicht weiter. Sie schwieg beharrlich, alles Nachfragen war umsonst.

Wenn Lea nichts mehr einfiel, erzählte ich vom Hirtenleben: dem Wettschießen mit Pfeil und Bogen, von den Übungen mit der Steinschleuder und von den lustigen Hirtenfesten. Zwischendurch ließ ich meinen Hirtenstock, den ich für alle Fälle immer bei mir trug, durch die Luft wirbeln. Lea blieb der Mund offen stehen. Sie staunte über meine Geschicklichkeit und bewunderte besonders meine Beinkampftechnik.

So vergingen die Wochen. Im Erzählen unserer Lebensgeschichte wuchsen wir beide immer enger zusammen. Bis mir eines Tages Leas Vater in den Weg trat. Ich solle sofort von seinem Grundstück verschwinden und mich nie wieder blicken lassen. Einen Hirten, noch dazu einen so entstellten wie mich – er guckte dabei auf meine Augenklappe –, werde er nie und nimmer als Schwiegersohn akzeptieren.

Lea und ich trafen uns seitdem heimlich, in einer Höhle, hinter dem Hügel, an dem ihr elterliches Haus stand. Susanna kam jetzt öfter mit. Sie hielt Wache, wenn Lea und ich in die Höhle krochen. Wenn wir dann eng aneinander gekuschelt auf einem Lammfell in unserer Höhle lagen, flüsterte ich Lea ins Ohr: „Siehe, meine Freundin, du bist schön! Siehe, schön bist du! Deine Augen sind wie Taubenaugen hinter dem Schleier. Dein Haar ist wie eine Herde Ziegen, die herabsteigen vom Gebirge Gilead ... Deine Lippen sind wie eine scharlachfarbene Schnur und dein Mund ist lieblich. Deine Schläfen sind hinter deinem Schleier wie eine Scheibe vom Granatapfel ... Deine beiden Brüste sind wie junge Zwillinge von Gazellen, die unter den Lilien weiden ... Du bist wunderbar schön, meine Freundin und kein Makel ist an dir. Du hast mir das Herz genommen, meine Schwester, liebe Braut, du hast mir das Herz genommen mit einem einzigen Blick deiner Augen, mit einer einzigen Kette an deinem Hals. Wie schön ist deine Liebe, meine Schwester, liebe Braut! Deine Liebe ist lieblicher als Wein und der Geruch deiner Salben übertrifft alle Gewürze. Von deinen Lippen, meine Braut, träufelt Honigseim. Honig und Milch sind unter deiner Zunge und der Duft deiner Kleider ist der Duft des Libanon. Meine Schwester, liebe Braut, du bist ein verschlossener Garten, eine verschlossene Quelle, ein versiegelter Born. Du bist gewachsen wie ein Lustgarten von Granatäpfeln mit edlen Früchten, Zyperblumen mit Narden, Narde und Safran, Kalmus und Zimt, mit allerlei Weihrauchsträuchern, Myrrhe und Aloe, mit allen feinen Gewürzen. Ein Gartenbrunnen bist du, ein Born lebendigen Wassers, das vom Libanon fließt" (Hoheslied 4,1-3.5.7.9-15). Dieses Liebeslied hatte ich in einer alten Buchrolle in der Bibliothek von Jerusalem gefunden. Ich hatte es mir abgeschrieben und stundenlang für Lea auswendig gelernt. Lea konnte es nicht oft genug hören. Lilienlied nannte sie es, schmiegte sich an mich und begann den Anfang aufzusagen: „Siehe, meine Freundin, du bist schön ..."

So vergingen die Wochen, die Monate. Lea veränderte sich.

Irgendetwas schob sich zwischen uns. Immer öfter fragte sie mich: „Fühlst du dich von mir nicht missbraucht?" Ich lachte jedes Mal auf und beteuerte ihr, wie sehr ich sie mochte. Ich verstand die Frage nicht. Wie sollte ich auch, da doch Lea im selben Atemzug betonte: „Ich möchte dich nicht verlieren. Ich liebe dich. Wen ich liebe, mit dem möchte ich alt werden und das bist du!"

Doch von Woche zu Woche wurde es schwieriger, das nächste Treffen zu vereinbaren. Sie müsse jetzt öfter in der Küche mithelfen, ihr Vater würde sie auf den Markt zum Einkaufen schicken und so weiter. Um Ausreden war Lea selten verlegen. Ein schrecklicher Gedanke setze sich in mir fest: „Lea lügt dich an."

Als wir uns nach dreiwöchiger Pause wieder trafen, sah Lea zuerst auf meine Augenklappe, war dann selbst ein wenig verwirrt und stammelte: „Das mit dem Auge tut mir so leid!" Leise, kaum hörbar fügte sie hinzu: „Ich wünsche mir einen schönen Körper, aber ..." Obwohl mich dieser Satz tief getroffen hat, schluckte ich meine Antwort hinunter.

„Ich habe so große Angst, dich zu verlieren!", sagte sie zum Schluss und fügte hinzu: „Meine Traurigkeit wird abgrundtief sein, wenn wir uns jemals trennen sollten."

„Was bedeutet das, wenn jemand sagt: Ich habe solche Angst, dich zu verlieren?", fragte ich Simeon, als ich von Lea zurückkam. Simeon stand vor dem Schäferkarren, als hätte er auf mich gewartet. Konnte er wie Perez Gedanken lesen? Bei meiner Frage wurde er sehr nachdenklich, ja, traurig. „Oft sprechen Menschen von ihrer großen Angst und meinen damit das, was sie sich, ohne es recht zu wissen, im Innersten wünschen. Oft wünschen sich Menschen etwas, ohne es sich selbst einzugestehen."

Ich schüttelte den Kopf, versuchte zu verstehen. „Ihre Angst", fügte Simeon erklärend hinzu, „ist oft nichts anderes als die bewusste Erlebnisseite von eben diesem unbewussten Wunsch." Ohne meine Antwort abzuwarten, erzählte er davon, dass er Lea auf dem Markt getroffen hatte: „Sie hat Eier und Honig verkauft. Ich habe sie sofort wiedererkannt. Aus einiger Entfernung konnte ich sie unbemerkt beobachten, bevor ich bei ihr einkaufte und dabei in ihre Augen sah. Ich bin erschrocken. Lea lebt berechnend", sagte Simeon leise. „Sie ist, so erschien es mir, von ihren Gefühlen weit entfernt, kennt sich selbst nicht. Du kannst dich darum auf das, was sie dir schwört und verspricht, nicht verlassen. Lea ist arm und sehnt sich, wie du mir erzählt hast, nach einem Leben in Wohlstand und Reichtum."

„Nein!", wollte ich rufen. „Nein! Das ist nicht wahr!" Doch ich brachte kein Wort heraus. Das, wovor die Menschen Angst haben, wünschen sie sich oft heimlich!? Dieser Gedanke setzte sich in mir fest. Und als Lea bei unserem nächsten Treffen wiederholte: „Ich habe solche Angst, dich zu verlieren", war mir klar, dass ich sie verloren hatte.

Wie es der Zufall will, traf auch ich sie wenige Wochen später auf dem Markt. Ich war eingeteilt, unseren Ziegenkäse und die selbst geflochtenen Körbe zu verkaufen. Lea war in Eile. Sie trug ein kostbares himmelblaues Kleid, mit Seide bestickt. Dazu karminrote, mit vielen Perlen verzierte Schuhe. Sie begrüßte mich mit einem Backenkuss. Ich roch ihr Haar, das nach Rosenöl duftete. „Mein Traum", so sagte sie, „geht jetzt in Erfüllung. Ich bin dabei, mich in den reichen jungen Mann aus Jerusalem, der in jener Nacht, als das Kind geboren wurde, bei uns gewohnt hat, zu verlieben." Für die Treffen mit mir bliebe ihr darum keine Zeit mehr. Ich nickte. „Gott behüte dich!", sagte ich zum Abschied und ging weiter.

In den folgenden Wochen dachte ich oft zurück an die Zeit mit Lea. Doch, das entlastete die Erinnerung, ich hatte keine Sehnsucht mehr nach ihr. Eher spürte ich einen gewissen Zorn auf mich selbst in mir hochsteigen. Einen Zorn darüber, dass ich blind war, mich so lange von ihr hatte missbrauchen lassen und dass ich die vielen Verletzungen weggesteckt hatte, ohne mich zu wehren oder laut aufzuschreien. Mit einer wie nebenbei geäußerten Bemerkung hatte Lea mir immer wieder einen Stich versetzt. Sie hatte wohl eine geheime Lust, andere zu quälen. Diese Lust entstand, so vermute ich, aus einem eigenen tiefen Schmerz, den sie in frühester Kindheit erfahren hatte. Bereits bei unserem zweiten Treffen hatte mir Lea ausführlich davon erzählt und so von Anfang an einen Schutzwall um sich aufgebaut. Doch das wäre eine eigene Geschichte. Ich jedenfalls habe in der Begegnung mit Lea unter Schmerzen gelernt, mich gegen Missbrauch zu wehren. Das hat mich stark gemacht, mich durch viele Lebenskrisen hindurchgetragen. Es trägt bis heute.

Noch etwas habe ich in den folgenden Wochen bei mir beobachtet: Meine Erinnerungen wanderten immer wieder zurück. Ich stand oft im Stall von Bethlehem, an der Krippe, und in mir wuchs der Wunsch zu erkunden, wo und wie das Kind von Bethlehem jetzt lebte, von dem die Boten Gottes gesagt hatten, es sei der Heiland der Welt. Hatte, so fragte ich mich, Perez von diesem Kind gesprochen, als er mich mit den Worten verabschiedete: „Du wirst ihm begegnen und sein Geheimnis erkennen"? Es drängte mich, nach dem Kind in der Krippe zu forschen.

Wo Gott nicht im Alltag ankommt, bleibt er machtlos:
Die weihnachtlichen Bewährungsproben

Wo Gott nicht im Alltag ankommt, bleibt er machtlos. Hüte dich vor denen, die Gott auf den hohen Himmel begrenzen und ihn aus den Tiefen der Erde, aus ihren Dunkelheiten, heraushalten!" Ich hörte Perez' Stimme, als säße er neben mir, wie damals unter der mächtigen Zeder hinter seinem Haus. Abends saßen wir oft dort oben und schauten der untergehenden Sonne nach. Einen Tag vorher hatte Perez den Wilddieb verbunden. Er war in eine eiserne Falle für wilde Tiere, ein Fangeisen, getreten und hatte sich dabei den Fuß verletzt.

„Meine Kinder hungern!", mehr hat der Mann nicht gesagt. Perez spürte: Der lügt nicht. Er ist in großer Not wie so viele Menschen in unserem Land. Zum Abschied hat Perez ihm einen Sack voll Getreide, Nüsse und getrocknete Pilze mitgegeben.

„Wo Gott nicht im Alltag ankommt, bleibt er machtlos!" Diesen Satz hat mir Perez an jenem Abend ins Herz geschrieben. Eigenartig, dass er mir damals, auf dem Rückweg von Stall, in dem das Kind lag, wieder eingefallen ist.

Die Bewährungsprobe für mich kam schneller als erwartet. Dan, mit dem ich meinen Schlafplatz im Schäferkarren teilte – wir schliefen im Winter und bei schlechtem Wetter drinnen –, hatte einen Rückfall. Obwohl er sich fest vorgenommen hatte, mit dem Trinken aufzuhören, war er einige Tage später so betrunken, dass er sich nicht mehr auf den Beinen halten konnte. In der Nacht hat er dann nicht nur seinen, sondern auch meinen Schlafplatz vollgekotzt. Ich war wütend, wollte ihn anschreien, ihn zur Rede stellen: „Du alter Suffkopp, du! Wo hast du den Schnaps her? Wo hast du ihn geklaut?" Dan hatte, das wusste ich genau, wie wir alle wenig Geld.

Plötzlich, ich weiß nicht woher, kam mir der Gedanke: „Wo Gott nicht im Alltag ankommt, bleibt er machtlos." Das ist Alltag, jetzt, mitten in der Nacht, die vollgekotzte Schlafstelle und der besoffene Dan, der sich bereits wieder umgedreht hatte und eingeschlafen war. Ich stand auf, ging zum Brunnen, holte Wasser und putzte das Erbrochene auf. Die anderen schliefen fest, sie merkten von all dem nichts. Lange brauchte ich, bis ich wieder einschlafen konnte.

Nein, ich habe Dan am nächsten Morgen seinen Rausch nicht ausschlafen lassen, sondern ihn pünktlich um fünf Uhr geweckt. Wir beide waren eingeteilt, den Ziegen Wasser zu schöpfen. Dan maulte eine Weile vor sich hin, stand dann aber doch auf.

Wir mussten das Wasser mit Eimern aus Ziegenleder aus dem Brunnenschacht hochziehen und zu den Tränken der Herde tragen. Bis wir die fünf ausgehauenen Baumstämme, die als Tränken aufgestellt waren, gefüllt hatten, dauerte es länger als eine Stunde. Gemeinsame Arbeit öffnet den Mund. Dan begann zu erzählen: „In der Nacht, als wir bei dem Kind waren, standen drei prächtig geschmückte Kamele in der Nebengasse, vor dem Gasthaus ‚Goldener Ochse'. Kamele haben mich schon immer fasziniert. Ich ging hin und sah bei dem einen Kamel die Weinflaschen aus der Satteltasche gucken. Da konnte ich nicht widerstehen. Ich schaute mich um. Niemand beobachtete mich. Blitzschnell habe ich die drei Flaschen aus der Tasche gezogen und unter meinem Hirtenmantel versteckt. Eigentlich wollte ich sie bei dem Kind in der Krippe lassen. Sie als Geschenk auf den Melkschemel stellen. Doch ich brachte es nicht übers Herz, schaffte es nicht, die Flaschen herzuschenken. Die erste Flasche habe ich gleich auf dem Rückweg ausgetrunken. Niemand von euch hat das bemerkt, obwohl ich danach so laut gesungen habe, wie noch nie in meinem Leben." Dan lachte. „Der Wein war so köstlich! Wann hatte ich das letzte Mal Wein getrunken? Vor vier Jahren, als ich noch meinen kleinen Obstladen besaß. Die beiden anderen Flaschen habe ich gut versteckt, in der Felsenhöhle, hinter dem Schäferkarren. Jeden Abend bin ich hin und habe nachgeschaut, ob die Flaschen noch da sind. Ich habe sie liebevoll gestreichelt und mich von ihnen verabschiedet: ‚Am Freitag!', habe ich ihnen beim Abschied zugeflüstert. Gestern war es dann so weit. Gestern, auf den Tag vor vier Jahren, musste ich meinen Obstladen aufgeben, weil ich die Pachtschulden nicht mehr bezahlen konnte. Die alte Traurigkeit ist in mir aufgestiegen. Um sie zu vertreiben, habe ich die beiden Flaschen auf einmal geleert. Wein aus Flaschen! Nicht zu vergleichen mit unserem Wein aus Schläuchen. Es war eine ganz besondere Rebsorte, die hier bei uns nicht wächst, das habe ich bereits nach dem ersten Schluck geschmeckt und konnte nicht mehr aufhören."

Beim Erzählen war Dan ganz außer Atem geraten. „Komm", sagte ich. „Komm, wir machen Pause, setzten uns auf die Bank in den Schatten der Zypresse." Da sah ich, wie Dans Hände zitterten. Er schämte sich, versteckte sie hastig unter seinem Mantel.

„Ich bin rückfällig geworden", flüsterte er und ergriff dabei meine Hand. Das Zittern war jetzt deutlicher zu spüren. Schweigend saßen wir so nebeneinander, bis Dan schließlich stockend weitererzählte. Er hatte Schwierigkeit, seine Stimme unter Kontrolle zu halten: „Ich dachte, das Kind in der Krippe ..." Er brachte den Satz nicht zu Ende. Tränen ersticken seine Stimme. Was sollte ich ihm antworten? Wie ihn trösten? Hilflos saß ich da und schämte mich mit ihm.

Inzwischen war die Sonne hinter den Bergen Judäas aufgegangen und die Zypressen warfen lange Schatten auf das ausgedörrte Land. Immer lauter meckerten die Ziegen. „Komm", sagte ich, „lass uns weitermachen! Die Tiere haben Durst!" Auf dem Weg vom Brunnen zur Tränke kam mir der Gedanke: Du bist für Dan jetzt gefordert. Gott im Alltag, das heißt doch: Gott in uns, in mir.

Ich wunderte mich über mich selbst, blieb stehen und blickte zum Himmel. Dabei kam mir ein Bild, das ich, sowie es in mir hochstieg, Dan weitererzählte: „Bei Weitsprungen, wenn du weit nach vorne kommen, zum Beispiel über einen Bach springen willst, musst du weit zurückgehen, viele Rückschritte machen, um Anlauf zu holen. Nur so kannst du einen weiten Satz nach vorne machen und landest nicht im Bach."

„Und landest nicht im Bach!", wiederholte Dan. Ein Lächeln huschte dabei über sein Gesicht. Als wir den letzten Eimer in die Tränken schütteten, bedankte Dan sich herzlich bei mir: „Du weißt gar nicht, wie du mir geholfen hast!", sagte er und kämpfte dabei wieder mit den Tränen. Seitdem hat sich Dan nie mehr betrunken und wir beide wurden gute Freunde.

Es hat sich so viel verändert

"Wes das Herz voll ist, des geht der Mund über", hat Perez oft gesagt und dann aus seinem Leben erzählt, so wie ich jetzt: Seit der Nacht im Stall von Bethlehem hat sich viel bei uns geändert, wenn ich nur an die Verhandlungen mit dem Großgrundbesitzer denke oder an das diesjährige Hirtenfest. Ich bin freiwillig bei den Herden geblieben, damit meine Freunde wie jedes Jahr zum Hirtenfest gehen konnten.

Bitter enttäuscht kamen sie zurück. „War nichts!", sagte Dan. „Gelacht haben sie, als wir ihnen von dem Kind in der Krippe erzählten. Wir sollten erst mal einen mit ihnen saufen, um wieder nüchtern zu werden, hat uns einer der Hirten aus der Nachbarschaft zugerufen und alle haben sich auf die Schenkel geschlagen und losgegrölt. Du bist nur dann ihr Freund, wenn du mitsäufst. Unser Lied haben wir ihnen auch nicht gesungen."

„Lasst es uns jetzt singen", rief ich meinen traurigen Freunden zu und lud sie ein, sich zu mir ans Feuer zu setzen. Bis tief in die Nacht hinein haben wir miteinander gesungen, getanzt, gelacht und uns immer wieder an das Kind in der Krippe und die Botschaft des Gottesboten erinnert: Euch ist heute der Heiland geboren!

Außergewöhnlich waren auch die Verhandlungen mit dem Herdenbesitzer: „Du gehst diesmal mit", hatte Simeon bestimmt. „Wir werden die Herden im Pferch einsperren. Bis zum Abend sind wir wieder zurück." Ja, wir haben Simeon mitgenommen, obwohl er entlassen war.

Vor dem Stadttor Bethlehems, unter der großen Eiche mit ihren weit ausladenden Ästen, saß der Herdenbesitzer hinter einem Tisch. In langer Schlange warteten die Hirten darauf, einzeln aufgerufen zu werden, um ihren kümmerlichen Lohn zu empfangen und sich den Arbeitsvertrag für ein weiteres Jahr verlängern zu lassen. Wir standen weit hinten, waren die zweitletzte Hirtengruppe.

Als Ersten von uns rief der Herdenbesitzer Dan auf. Alle traten, wie vereinbart nach vorne. Der Herdenbesitzer hob den Kopf: „Einzeln vortreten, hab ich gesagt!" „Wir verlangen alle den gleichen Lohn, und zwar achtundvierzig Silberstücke und fünf Schafe", antwortete Dan mit ruhiger Stimme. „Verdammtes Hirtenpack!", schrie der Herdenbesitzer. „Soll ich euretwegen betteln gehen?" Wir blieben ruhig vor ihm stehen. Er spürte unsere Entschlossenheit und überlegte: „Also gut, alle bekommen denselben Lohn, wie im vergangenen Jahr. Aber nur die ersten Drei von euch kann ich weiter beschäftigen. Abtreten!"

Wir schüttelten die Köpfe. „Entweder du stellst uns alle an, und zwar unter den von uns genannten Bedingungen, oder keiner von uns arbeitet mehr für dich!" Der Großgrundbesitzer bekam einen knallroten Kopf und brüllte los: „Ich glaub', mich laust der Affe! Ihr seid wohl ..." Die Worte blieben ihm im Hals stecken. Die Hirten hinter uns waren nun auch vorgetreten und stellten sich neben uns. „Wir verlangen wie unsere Freunde denselben Lohn!", riefen sie und fügten hinzu: „Doch wir möchten ihn am Ende eines jeden Monats ausbezahlt bekommen und nicht erst am Ende des Jahres!" „Jetzt haut's dem Fass den Boden aus", schrie der Herdenbesitzer. Doch als er sah, wie auch die Hirten vor uns sich umdrehten und zurückkamen, gab er nach und ging auf unsere Forderungen ein. Wir aber zogen singend zurück zu unseren Herden.

Doch halt!, das hätte ich beinahe vergessen: Die anderen

Hirten bedankten sich herzlich bei uns und wir schlossen einen Bund miteinander, einen Freundschaftsbund und auch einen Nichtangriffspakt. Diesem Bund haben sich im Laufe der Jahre immer mehr Hirten angeschlossen. Wir haben erkannt: Gemeinsam sind wir stark.

Natürlich haben sich daraufhin auch die Herdenbesitzer miteinander abgesprochen. Aber was sollten sie mit ihren Tieren anfangen, wenn keiner mehr bereit war, als Hirte für sie zu arbeiten? So konnten wir die Löhne mitbestimmen und kamen aus unserer Armut heraus.

Oh, es gäbe noch viel zu erzählen, wie sich die Hirtenfeste verändert haben, Frauen und Kinder mit eingeladen und die Feste von einem auf drei Tage verlängert wurden.

Von zwei, für mich entscheidenden Erlebnissen will ich noch berichten: Es war drei Monate nach unserem Besuch im Stall von Bethlehem und eine Woche vor dem großen Hirtenfest. Benjamin war zum Küchendienst eingeteilt. Ich kam gerade vom Hirtenfeld, da sah ich, wie geschickt Benjamin mit den Feuersteinen umging. Im Nu hatte er mit den Funken, die er schlug, das trockene Gras zum Brennen gebracht.

Da fiel es mir wie Schuppen von den Augen: Er, nicht Perez, wie ich vermutet hatte, war es gewesen, der damals beim zweiten Angriff die Hirtenkarren unserer Gegner in Brand gesetzt hatte. Ich sprach Benjamin darauf an. Er lachte: „Was hätte ich sonst tun können? Ich war der Schwächste. Ich bin damals, nachdem ich dich zu Hilfe gerufen hatte, durch den Wald gerannt und habe mich unbemerkt an ihre Schäferkarren angeschlichen. Meine beiden Feuersteine habe ich immer in der Tasche, für alle Fälle!"

Ich setzte mich zu Benjamin auf den Zaun und bedankte mich bei ihm. Seitdem saßen wir beide oft zusammen und erzählten einander aus unserem Leben. Benjamin konnte nicht genug von Perez erfahren. Erst jetzt fällt mir auf, wie genau mich Benjamin über das Leben bei Perez ausfragte.

Es hat etwa zwei Jahre gedauert, bis Benjamin mir eines Nachts, wir beide mussten Wache schieben, von sich erzählte. Stotternd sprach er. Immer wieder griff seine Hand nach der meinen. „Ich bin ein Findelkind wie du", flüsterte er. „Die Hirten haben mich eines Tages vor ihrem Karren gefunden. Halb verhungert, in ein altes Tuch eingewickelt. Dan hat es mir erzählt. Ich bin meinen Hirtenfreunden so dankbar. Sie haben mich bei sich aufgenommen, mir das Leben gerettet."

Obwohl ich schon von den anderen Hirten wusste, dass Benjamin ein Findelkind ist, bin ich dennoch in jener Nacht sehr traurig geworden. Eine halbe Stunde lang haben wir beide, Benjamin und ich, geweint. Meine eigene Findelkindgeschichte habe ich mit beweint.

Dabei ist mir eingefallen, was ich in einer alten Schriftrolle in Jerusalem gelesen hatte: Von einigen Männern unseres Volkes, sie nennen sich die Auserwählten Gottes, werden die Menschen in zehn Gruppen eingeteilt: 1. die Priester, 2. Die Leviten, 3. die Vollisraeliten (Israeliten von legitimer Geburt), 4. die unehelichen Kinder von Priestern, 5. die Proselyten (die zum jüdischen Glauben Übergetretenen), 6. die freigelassenen Sklaven, 7. die Bastarde (die unehelich Geborenen), 8. die Tempelsklaven, 9. vaterlose Kinder, 10. Findelkinder. Benjamin und ich gehörten nach dieser Einteilung zum Bodensatz der Gesellschaft.

Nein, mit Benjamin habe ich über diese Einteilung nicht gesprochen. Es hätte ihm zu weh getan.

Drei Wochen nach unserem Gespräch ist Benjamin sozusagen über Nacht spurlos verschwunden. Von keinem hat er sich verabschiedet. Ich ahnte, wohin er gegangen war, habe es aber niemandem verraten.

Mir war klar: Der Nächste, der Abschied nehmen muss, bin

ich. Nachdem Benjamin sich von uns getrennt hatte, spürte ich das immer deutlicher. In meinen Träumen hörte ich den Hilferuf meiner Eltern: „Komm nach Hause zurück! Wir brauchen dich!"

Es war für alle ein schwerer Abschied. Besonders lange hat mich Dan in die Arme geschlossen und mir „bis bald!" zugeflüstert.

Meine Eltern haben mich zuerst nicht wiedererkannt, sich aber dann unglaublich gefreut. Mutter sagte, sie habe jeden Abend schreckliche Angst davor, was die Nacht und der neue Tag bringen würden, und könne nur schwer einschlafen. Vater hatte in letzter Zeit sehr abgebaut. Oft fand er den Weg nicht mehr nach Hause. Mutter war so froh, dass ich jetzt bei ihnen wohnte.

Viele Jahre später lag eines Tages Dan tot vor unserer Haustür. Mit letzter Kraft hatte er es offensichtlich bis zu mir geschafft. In seiner rechten Hand fand ich einen Zettel: „Verzeih, ich bin wiedermal zurückgeschritten, habe weiten Anlauf genommen und den Sprung zu dir geschafft", stand auf dem eng zusammengerollten Zettel. Wo und wann hatte Dan schreiben gelernt? Oder hat ein anderer das für ihn aufgeschrieben?

Auf der Wiese vor meinem Elternhaus habe ich Dan begraben und auf sein Grab ein Mandelbäumchen gepflanzt.

Ein halbes Jahr darauf klopfte es spät in der Nacht an unsere Haustür. Susanna, Leas jüngere Schwester, stand da. Sie trug, obwohl es Winter war, ein leichtes, geblümtes Kleid, hatte dunkle Ränder unter den Augen und ihre Arme waren voller blauer Flecken. „Komm herein!", ich sagte.

Mutter, die immer noch schlecht schlafen konnte, war auch aufgestanden. Sie hat uns einen Hibiskustee gekocht, für Susanna eine kräftige Suppe, ihr warme Kleider von sich gebracht und dann ein Bett in der Kammer hergerichtet. Mutter war sehr liebevoll zu Susanna: „Schlaf dich erst einmal aus", sagte sie und brachte sie in ihr Zimmer.

Am anderen Morgen hat Susanna dann erzählt, langsam und stockend: „Ich sollte mit einem reichen Mann aus Jerusalem, dem Bruder von Leas Mann, verheiratet werden. Als ich mich weigerte, hat mein Vater losgebrüllt und mich ..." Susanna konnte nicht weitersprechen. Ihre Stimme war wie erstarrt. Ich setzte mich neben sie und sagte: „Du kannst bei uns bleiben. Hier bist du in Sicherheit."

Mit jedem Tag, den Susanna bei uns wohnte, wuchs in mir der Wunsch, sie möge meine Frau werden.

Vom Keller bis zum Dachboden hat Susanna mein Elternhaus geputzt. Mutter war dazu nicht mehr in der Lage. Ihre Gelenke schmerzten fürchterlich. Vater wagte sich nicht mehr aus dem Haus. Er wurde immer vergesslicher und ist ein Jahr nach Susannas Einzug gestorben.

Das Meer heilt

Über ein Jahr hat es gedauert, bis ich Susanna in den Arm nehmen durfte. Sie hatte panische Angst vor Berührung. Nachts schreckte sie beim leisesten Geräusch auf, irrte durchs Haus, lief in den Garten, bis sie durchgefroren wieder in ihr Zimmer ging und sich schlafen legte. Ich spürte: Hier helfen nur Geduld und Vertrauen. Zu viel hatte Susanna bei ihrem Vater erlitten. Nein, ihr Mund sprach selten davon. Doch ihre Augen waren tief, abgrundtief, voller Einsamkeit, Verzweiflung und Schmerz. Nicht immer hielt ich ihren Blicken stand.

Von einer Frau, die nicht weit von Susannas Elternhaus wohnte, habe ich erfahren, dass Susanna nachts vor Schmerzen so laut geweint und geschrien hat, dass es weit in der Nachbarschaft zu hören war.

Ja, ich ging dreimal im Jahr nach Bethlehem, an dem Stall vorbei, in dem das Kind zur Welt gekommen war. Immer wieder zog es mich dorthin. Wenn ich die selbst geflochtenen Körbe auf dem Mark verkauft hatte, nahm ich mir Zeit, in der Nähe des Stalls zu verweilen. Er war inzwischen verfallen. Das Dach vom Sturm zerstört, die Tür bestand nur noch aus drei Brettern, die mit einer Schnur am Balken festgebunden waren. Jeder konnte den Stall betreten. Bei meinem letzten Besuch schnitt die Nachbarin gerade in ihrem Vorgarten welke Blumen ab. Als ich vorbeiging und mich immer wieder nach dem Stall umschaute, hat sie verwundert zu mir hergeguckt. Ich habe sie daraufhin angesprochen und sie nach dem verfallenen Stall und dem angebauten Haus gefragt. Sie glaubte, ich wolle es eventuell kaufen, und erzählte von den Wirtsleuten, Susannas Eltern: Der Wirt sei vor drei Wochen im Suff gestorben. Die Nachbarin hob dabei die Hand zum Mund, als hätte sie einen Becher in der Hand. Seine Frau wohne noch im Erdgeschoss, sei aber fast blind. Einmal im Jahr käme Lea, die älteste Tochter der Wirtsleute, mit ihrem Mann, einem reichen Kaufmann aus Jerusalem in einer prächtigen Kutsche vorbeigefahren. Ihre Mutter würde sie allerdings nie besuchen. Susanna, die jüngste Tochter der Wirtsleute, sei seit einigen Wochen auf und davon, niemand wisse wohin. „Sie hat es zu Hause nicht mehr ausgehalten", raunte mir die Nachbarsfrau hinter vorgehaltener Hand zu. Ich schüttelte den Kopf, wollte mich verabschieden, blieb dann noch einmal kurz vor dem Stall stehen, blickte auf das Wohnhaus und glaubte hinter dem unteren Fenster ein Gesicht zu erkennen, die Mutter von Susanna.

„Sind Sie an dem Haus interessiert, wollen Sie es kaufen? Unseres können Sie auch haben", rief die Nachbarin mir hinterher. „Nein, nein", antwortete ich ein wenig verlegen und wandte mich endgültig ab.

Als ich vom Markttag in Bethlehem nach Hause kam, spürte Susanna meine innere Unruhe. Ich wich ihren Fragen aus, ging in den Garten und pflanzte die Kräuter, die ich den Hirten auf dem Markt abgekauft hatte. Plötzlich stand Susanna hinter mir, legte mir die Arme um den Hals und fragte: „Du warst wieder dort? Hast du meine Mutter getroffen?" Ich erschrak. Wusste sie, dass ihr Vater gestorben war? Susanna deutete mit einer vertrauten Handbewegung auf den Wald.

Diese Einladung zum Spaziergang löste meine Zunge. Langsam gingen wir durch den Garten in Richtung Wald. Mit jedem Schritt stiegen Erinnerungen auf. Ich berichtete kurz, was ich von der Nachbarin in Bethlehem erfahren hatte. Susanna erzählte mit zitternder Stimme von den Nächten, in denen ihr Vater betrunken nach Haus gekommen war, die Tür zu ihrem Zimmer aufgebrochen und sie geprügelt hatte und ... Ihre Stimme brach jäh ab. Ich wollte sie trösten, doch sie ließ es nicht zu, dass ich sie in die Arme nahm.

An diesem Tag, es war einer der letzten warmen Sommertage, kam mir die Idee: Wir fahren morgen ans Meer. Ich erzählte Susanna von dem Haus, dem winterlichen Wohnsitz von Perez an den Hängen des Hermongebirges, wo die Berge ins Meer fallen. Noch am selben Abend packte ich die nötigen Sachen für die Reise und bat die Nachbarn, sich um die Tiere im Stall und die Blumen im Garten zu kümmern.

Das Winterhaus stand leer. Fenster und Türen waren verschlossen. Ich blickte mich um und entdeckte die drei Holzklötze und die kleine Tür, oben in der Bretterwand über der Haustür wie bei Perez' Einsiedelei.

Wie gewohnt, richtete ich die Holzklötze zu einer Treppe auf, kletterte hinauf und zog den Riegel hoch. In der Wohnstube lag ein Zettel auf dem Tisch: „Du kannst jederzeit hierher kommen und hier wohnen." Perez' Schrift war das nicht, die kannte ich. Aber wer hatte das geschrieben? Und wem galt die Einladung? Ich überlegte nicht lange, sondern nahm sie als Einladung an uns beide, Susanna und mich. Während ich mich weiter im Haus umschaute, ging Susanna nach draußen auf die Terrasse und blickte aufs Meer. Sie stand da, wie angewurzelt. Zum ersten Mal in ihrem Leben sah sie das weite Meer. Ich trat hinter sie und legte ihr den Arm um die Schultern. Lange standen wir so da, hörten, wie sich unter uns die Wellen an den Felswänden brachen, sahen den Möwen nach und wurden Teil der unendlichen Weite.

„Das Meer heilt", hatte Perez immer gesagt, wenn er von hier oben zurückkam. Nein, Perez hat mich nicht immer mit ans Meer genommen. Nur einmal im Jahr sind wir gemeinsam für drei Wochen hierher gezogen, und zwar im Frühling. „Das Meer heilt", flüsterte ich Susanna ins Ohr und erzählte von der Zeit, die ich mit Perez hier verbracht hatte. „Das Meer sieht jeden Tag anders aus und es singt jeden Tag ein neues Lied."

Susanna und ich kehrten ins Haus zurück. Erst jetzt entdeckte ich den großen Wiesenblumenstrauß am Küchenfenster. Hatte ihn jemand für uns zur Begrüßung hingestellt? Wer konnte wissen, dass wir beide um diese Zeit hierher kommen würden? Wir staunten, wie viele Essensvorräte im Küchenschrank lagen: ein Brot, Marmelade, Kürbiskerne, Honig, Feigen ... Wie bei Perez, dachte ich.

Nach dem Abendbrot zog Susanna das lange Wollkleid an, das Mutter ihr geschenkt hat, und setzte sich wieder auf die Terrasse. Sie ließ die Tür zum Wohnraum offen stehen. Ich saß am Tisch und nahm die Fische aus, die ich am Nachmittag gefangen hatte. „Das Meer heilt", hörte ich Susanna sagen. „Das Meer heilt." Dabei huschte ein Lächeln über ihr Gesicht. Lange blieb Susanna draußen sitzen und blickte aufs Meer. Mir war, als würde sie in ihm wie in einem Buch lesen, mit jeder Welle eine Seite umblättern.

Erst nach Sonnenuntergang kam Susanna zurück ins Haus. „Sie ziehen ab", sagte sie und zeigte dabei nach draußen aufs Meer. „Wie die großen, schwer beladenen Segelschiffe ziehen sie ab." Wen meinte Susanna, als sie sagte: „Sie ziehen ab"? Ich wagte nicht, nachzufragen.

Da gab mir Susanna einen Kuss auf die Stirn. Noch nie hatte ich einen Kuss von ihr bekommen. „Lass mal", sagte sie leise, als sie in mein erstauntes Gesicht sah, und fügte hinzu: „Lass mir Zeit!" Dann ging sie in den Raum neben der Küche und legte sich schlafen.

Mir aber war so, als hätte ich soeben den Abschiedskuss bekommen.

Sammle meine Tränen in deinen Krug

Ja, Susanna hat sich kurz nach unserer gemeinsamen Zeit am Meer von mir und meiner Mutter verabschiedet. Als sie das Haus verließ, blieb sie an der Tür stehen und sagte: „Das Meer hat mich zu meiner Mutter gerufen!" Wie im Haus am Meer stand sie da und sah in die Ferne, als hätte sie das Meer vor Augen.

Leer kam mir unser Haus vor, nachdem Susanna ausgezogen war. Mutter sagte, sie hätte geahnt, dass Susanna nicht bei uns bleiben würde. Ahnen Mütter einfach mehr oder sprach die Eifersucht auf Susanna aus ihr?

Mutter wurde immer kranker und ich konnte sie abends nicht mehr alleine lassen. Sie hatte schreckliche Angst und sah, wenn es dämmerte, überall Gespenster. Ich blieb dann neben ihr sitzen, hielt ihre Hand und wir erzählten uns von früher. Alles, was vor vierzig oder fünfzig Jahren geschehen war, wusste sie noch genau. Dass ich ihr aber am Morgen die Haare gewaschen hatte, war bereits am Abend vergessen. So blieb ich ans Haus gebunden und nutzte die Tage, um in den Psalmen zu lesen. In Jerusalem hatte ich mir von meinem Ersparten eine Buchrolle mit den alten Liedern meines Volkes gekauft. Jeden Tag entdeckte ich beim Lesen etwas Neues. Auch wenn ich einen Psalm schon hundertmal gelesen hatte, stieß ich bei erneutem Lesen zu meiner großen Überraschung auf einen Vers, den ich bisher überlesen hatte.

So auch bei Psalm 81: „Eine Sprache höre ich, die ich bisher nicht kannte: Ich habe ihre Schultern von der Last befreit und ihre Hände vom Tragkorb erlöst" (Psalm 81,6-7). Dieser Satz öffnete mir die Ohren. Ich hörte nun aufmerksamer zu, wenn Menschen von Gott sprachen, achtete auf die Zwischentöne: Ist da etwas herauszuhören von Befreiung, von körperlicher Entlastung? Oder sind es überfliegende Worte, ohne Bezug zu den Holzbündeln auf den Schultern oder den Wasserkrügen auf den Köpfen der Frauen, ohne Bezug zu den Lastenträgern, die das Gepäck der Reichen zum Badeurlaub an den See von Tiberias schleppen.

Auch andere mir sehr wichtige Sätze entdeckte ich: „In der Zeit meiner Not suche ich den Herrn; meine Hand ist des Nachts ausgereckt und lässt nicht ab; denn meine Seele will sich nicht trösten lassen. Ich denke an Gott – und bin betrübt; ich sinne nach – und mein Herz ist in Ängsten" (Psalm 77,3-4). Wie oft schon habe ich genau dieselbe enttäuschende Erfahrung gemacht? Nie wagte ich es, sie im Gebet vor Gott auszusprechen. Tagelang haben gute Freunde auf mich eingeredet, wollten mich trösten. Doch meine Seele wollte sich nicht trösten lassen.

Das Psalmenbuch wurde mir eine wahre Fundgrube. „Ich bin wie die Eule in der Einöde, wie das Käuzchen in den Trümmern. Ich wache und klage wie ein einsamer Vogel auf dem Dache" (Psalm 102,7-8). Nachdem ich jene Sätze gelesen hatte, habe ich aufgehört, die Käuzchen von den Bäumen vor meinem Elternhaus zu verjagen. Mutter hatte behauptet: „Wo ein Kauz abends ruft, stirbt bald ein Mensch." So ein Unsinn! Käuze, das habe ich bei meinen Erkundigungen über Greifvögel erfahren, suchen abends die Nähe der Menschen und fliegen darum dorthin, wo noch Licht brennt. Ja, das können manchmal auch Sterbezimmer sein. Meistens sind es aber Räume, in denen Menschen mit sich und der Schrift allein sind, einsame Suchende, so wie ich.

Je tiefer ich mich in die Lieder meines Volkes einlas, umso

lebendiger wurden auch die Erinnerungen an Perez. Jeden Tag hatte er mir einen Psalm laut vorgelesen. Im Sommer draußen, in der Umgebung von Schmetterlingen, Fliegen, Käfern und Mücken ... Und jede Woche lernte Perez einen Psalm auswendig. Er hatte gelacht, als er mir das erzählte, das Psalmenbuch bis weit über die Mitte aufgerollt und auf den Psalm 119 gezeigt: „Den zu lernen brauche ich fünfeinhalb Monate. Jede Woche die Verse mit einem neuen Buchstaben." Dazu hatte mir Perez erklärt, dass es Psalmen gibt, deren Verse nach dem Alphabet geordnet sind. „Dazu gehören auch die Psalmen 111 und 112." Und schon sagte er den Psalm 112 auswendig auf. „Der Psalm 119 allerdings hat 176 Verse. Mehrere beginnen mit dem gleichen Buchstaben", fügte Perez noch an.

Sein Lieblingslied war der Psalm 104. Wenn er den aufsagte, begann er, ums Haus zu tanzen, bei schlechtem Wetter tanzte er im Haus. Bei dem Vers „Die hohen Berge geben dem Steinbock Zuflucht und die Felsklüfte dem Klippdachs" (Psalm 104,18) schnippte er mit den Fingern und machte so waghalsige Luftsprünge, dass ich den Atem anhielt und wegschauen musste. Ja, Perez kannte auch die Melodien zu den Liedern.

Die Psalmen haben mich auch durch die Zeit der Traurigkeit über den Abschied von Susanna getragen. Ich konnte meinen Tränen freien Lauf lassen und mit dem Dichter beten: „Sammle meine Tränen in deinen Krug; ohne Zweifel du zählst sie" (Psalm 56,9).

Dieser Vers hat mir auch geholfen, den Tod meiner Mutter zu verarbeiten. Ich sage bewusst „verarbeiten", denn Trauer ist schwere Arbeit. Mutter ist wenige Wochen, nachdem Susanna ausgezogen war, gestorben. Am Abend vorher hat sie sich wie immer von mir verabschiedet. Am anderen Morgen ist sie nicht mehr aufgewacht. „Ich bin alt und lebenssatt", hat sie oft gesagt. „Lebenssatt, wie nach einer guten Mahlzeit. Nein, es hat nicht immer gut geschmeckt, das Leben", hatte Mutter mit Bitterkeit in ihrer Stimme hinzugefügt und dann von der Zeit erzählt, als sie von anderen Frauen schief angesehen wurde, weil sie selbst keine eigenen Kinder hatte. „Das Schlimmste sind die Sprüche derer, die sich selbst für fromm halten. Sie reden gerne hinter deinem Rücken." Mit diesen Sätzen schloss Mutter jedes Mal ihre Erinnerungen an die Zeit ab, als sie eine junge Frau war.

In Mutters Grabstein habe ich den Psalmvers meißeln lassen: „Wer ist wie der Herr, unser Gott im Himmel und auf Erden? ... Der die Unfruchtbare im Hause zu Ehren bringt, dass sie eine fröhliche Kindermutter wird. Halleluja!" (Psalm 113,5.9). Groß unter diese Verse habe ich mein „Danke!" geschrieben. Ja, Mutter konnte aus tiefem Herzen lachen. Oft hat sie mich mit ihrem fröhlichen Lachen angesteckt. Sie hat es mir vererbt, das fröhliche Lachen. Doch habe ich dieses kostbare Erbe lange in mir vergraben gehalten.

Ein halbes Jahr lang ließ ich das Sterbezimmer meiner Mutter unberührt. Danach habe ich es zu meinem Schreibzimmer umgestaltet. Seit dem Tod meiner Mutter schreibe ich Tagebuch. Es hat mich unglaublich entlastet, wenn ich abends alles ins Tagebuch ablegen konnte.

Wir alle sind Perez, zerrissen und doch eins

*E*in Jahr, nachdem Susanna ausgezogen war, überfiel mich eine große Traurigkeit. Dazu kamen die Zweifel an mir selbst: Ist Susanna nur ihrer Mutter wegen gegangen? Oder ist sie auch meinetwegen ausgezogen? Hat sie es bei mir und meiner Mutter nicht mehr ausgehalten? Sie hätte ihre kranke Mutter doch zu uns ins Haus holen können, ich hatte ihr das doch angeboten.

In diese Selbstzweifel und Grübeleien mischte sich ungebeten immer wieder Lea mit ein. Sie trat in meine Träume, stand vor mir mit erhobenem Zeigefinger: „Deine Sehnsucht nach Nähe ist so groß, dass keine Frau – oder sagte sie kein Mensch? – sie erfüllen kann!" Jedes Mal wachte ich schweißgebadet auf. Ausgerechnet Lea musste das sagen! Sie, die neben mir immer gleichzeitig andere Freunde und Verehrer gehabt hatte. Von Susanna hatte ich das erfahren. In einem meiner Träume, das fällt mir erst jetzt wieder ein, hatte Lea noch hinzugefügt: „Ich spüre bei dir eine große Tiefe und Nähe und dann wieder bist du wie abwesend, so in dich versunken, als wäre ich gar nicht da. Du siehst mich dann gar nicht mehr." Später, viel später gingen mir die Augen auf. Ich erkannte: Lea hatte damit auch ihre eigene Not beschrieben. Sie sehnte sich nach einer festen Bindung, konnte allerdings nicht bleiben. Nicht Alleingelassen- oder Verlassenwerden war ihre Not, sondern Bleibenkönnen. Panische Angst hatte sie vor jedem, der ihre Not erkannte.

Doch hatte die Traum-Lea nicht auch recht? Ist die übergroße Sehnsucht Teil meines dunklen Bruders? Unbedingt wollte ich mit Perez darüber sprechen und beschloss, ihn möglichst bald aufzusuchen.

Nein, ich ging nicht zuerst zu seinem Haus, sondern zu dem kleinen Hügel am Rand der Wiese, wo die Hirtengruppen miteinander gekämpft hatten. „Hier oben möchte ich begraben werden", hatte Perez gesagt, als wir von einer langen Wanderung zurückkehrten.

Wenn dort oben kein Grabmal steht, kein Hinweiszeichen auf ein Grab, würde Perez noch leben.

Von Weitem sah ich schon den Stein. Die eine Seite glatt geschliffen, die andere genauso, wie sie aus dem Felsen gebrochen war: kantig und schroff. Auffallend der Riss in der Mitte. Ein unregelmäßiger Riss, so wie wenn ein Blitz eingeschlagen wäre. Er teilte jedoch den Stein nicht in zwei Hälften. Unten, noch bevor ihn das Erdreich bedeckte, war der Stein ungeteilt.

„Perez" war darin eingemeißelt, ohne Datum. Ein zeitloser Stein. Ein wenig entfernt entdeckte ich eine Bank, vom Gras fast ganz überwuchert. Ich setzte mich und betrachtete den Stein. Warum dieser Riss? Hatte Perez den Stein für sein Grab ausgesucht, vielleicht sogar selbst hier eingegraben? Wer hat Perez hier beerdigt? Ist das hier überhaupt sein Grab? Unter dem Stein? Vorsichtig scharrte ich die Erde vor dem Stein beiseite. Eine Handbreit dunkelbraune Erde, darunter Felsen. Vergeblich suchte ich die nähere Umgebung ab. Nirgendwo die Spur eines Grabes! Das Gras auf dem Grab muss anders sein, niedriger als das umstehende, dachte ich. Doch nirgends konnte ich einen Unterschied in der Vegetation des Hügels erkennen.

Immer wieder stieß ich meinen Wanderstab in den Boden und prüfte, ob nicht eine weichere Stelle zu finden wäre. Ohne Erfolg. War Perez irgendwo anders beerdigt? Hatte er sich sein eigenes Grab im Tal, am Fluss, gegraben? Aber er wollte doch hier oben beerdigt sein? Was heißt schon beerdigt, sagte ich mir, gab die Suche nach Perez' Grab auf, setzte mich wieder dem Stein gegenüber und schloss die Augen.

Wie aus weiter Ferne kam Perez, immer deutlicher erkannte ich ihn, auf mich zu. Ohne ein Wort zu sagen, stellte er sich vor den Stein. Es sah so aus, als ginge der Riss auch durch Perez. Unheimlich wurde mir. Ich wollte die Augen öffnen, da nickte Perez mir zu, gab mir ein Zeichen, zu ihm zu kommen, mich neben ihn zu stellen. Mir zitterten die Knie. Als ich vor ihm stand, trat Perez beiseite und machte den Platz vor dem Stein für mich frei. „Geht der Riss jetzt auch durch mich?" fragte ich laut und öffnete die Augen.

Lange beunruhigte mich diese seltsame Begegnung mit Perez zwischen Traum und Wirklichkeit. „Ich muss unbedingt mit jemandem darüber reden", sagte ich mir.

Eine Woche später ging ich darum nach Jerusalem, suchte einen Gelehrten der heiligen Schriften auf, um ihn zu fragen, ob es Texte oder Geschichten zu Gedenksteinen gibt, die einen Riss haben. Meiner Erinnerung nach hatte Jakob, der Stammvater unseres Volkes, auch so etwas wie eine Vision. Danach hat er den Stein, auf dem sein Kopf gelegen hatte, aufgestellt.

Der Gelehrte, der mir in Jerusalem empfohlen worden war, schüttelte immer wieder den Kopf, als ich ihm von Perez, dem Einsiedler und dem gespaltenen Stein erzählte. Dann stand er auf, holte eine Buchrolle aus einem Eichenschrank, rollte sie auf und fragte mich. „Kannst du lesen?" Ich nickte. Er reichte mir die Buchrolle und zeigte mit dem Lesezeichen auf den Namen Perez.

Die Buchstaben begannen sich zu bewegen, verschwammen, tauchten an anderer Stelle wieder auf. Ich hatte alle Mühe, sie zusammenzubringen. „Perez", stand da, „heißt Riss, Bresche, Durchbruch". Der gelehrte Mann spürte meine innere Unruhe, legte seine Hand auf die meine und sagte: „Wir alle sind Perez, zerrissen und doch eins." Ob ich die Geschichte „Wie Gott den Menschen erschuf" kenne, fragte er mich und erklärte, dass sie nicht in den Heiligen Schriften steht. Ich schüttelte den Kopf. „Bitte, erzähl sie mir!", bat ich leise.

Er gab mir ein Zeichen, mit ihm aufzustehen. „Bevor unsere Väter und Mütter von Gott erzählen, werden sie still und beten: Großer, geheimnisvoller Gott, wir sind deine Geschöpfe. Du hast uns nach deinem Bilde erschaffen. Vergib uns, wenn wir dich mit unseren Vorstellungen, Bildern und Geschichten entstellen! Stärke in uns den Mut, alle Vorstellungen, die wir uns von dir machen, aufzugeben und loszulassen, um tiefer in deine geheimnisvolle Gegenwart einzutauchen! Amen."

Dann begann er zu erzählen.

Wie Gott den Menschen erschuf

„Ja!", rief Gott vor jedem neuen Schöpfungswerk. „Ja!" Die Engel behaupteten, es wäre diesmal ein mächtigeres, einige sagten, energischeres Ja gewesen. Zum Erstaunen aller ließ Gott den großen Lehmklumpen, den ihm der Erzengel Gabriel auf die Töpferscheibe gelegt hatte, unberührt. Er nahm vielmehr Hammer sowie mehrere Meißel und ging in den Marmorsteinbruch. Dort suchte er sich einen großen, kantigen Brocken aus.

Lange stand er schweigend vor dem Stein und überlegte. Entschlossen setzte er nach etwa einer Stunde den großen Meißel an und schlug die scharfen Kanten und Ecken ab. Dann trat er einige Schritte zurück und nickte zufrieden. Er wechselte Hammer und Meißel, nahm die kleineren Werkzeuge und setzte seine Arbeit fort. Immer deutlicher trat aus dem Steinbrocken ein Mensch hervor. Erst der Kopf, dann der Hals, der Bauch, die Beine, die Füße. Wieder trat Gott einige Schritte zurück und prüfte die Augenhöhe. „Augenhöhe ist wichtig!", rief er den umstehenden Engeln zu. „Menschen, Wesen nach meinem Bilde, auf Augenhöhe!"

Die Engel schauten einander an und nickten zufrieden. Bei ihnen stimmte die Augenhöhe. „Wird Gott nun einen neuen Engel erschaffen? Einen noch schöneren, begabteren als uns?" Gott lächelte. „Keine Sorge!", rief er den Engeln zu. „Einen Menschen, keinen Engel!" Wenn die Engel spürten, dass Gott ihre Gedanken erraten hatte, fühlten sie sich ihm besonders nahe. Doch was ein Mensch, anders als sie, sein sollte, war ihnen rätselhaft.

Als Gott aus dem Gesicht des Menschen die Nase herausmeißelte, schrien die Engel plötzlich erschrocken auf. Ein Riss tat sich auf und ging durch Gottes Schöpfungswerk, den Menschen, vom Kopf bis weit in den Leib hinein. Hatte der Schöpfer zu fest zugeschlagen? War ihm der Meißel ausgerutscht? Hatte der Marmorstein bereits kleine Risse, die sich nun unter dem Hammerschlägen Gottes weiteten?

„Nein! Kein Missgeschick! So ist der Mensch, gespalten, wie ich. Mein Ebenbild!", rief Gott und riss die Engel aus ihren Grübeleien. „Gespalten ist nicht ganz richtig", sagte Gott wie zu sich selbst.

„Er ist ja nicht entzweit. Er hält ja zusammen. Der Riss geht nicht ganz durch. Er trennt nicht. Wie soll ich das beschreiben? Gerissen? Nein, das klingt wie unaufrichtig und falsch. Zerrissen! In bestimmter Weise trifft das zu. Vielseitig, gegenpolig! Ja, vielseitig-gegenpolig ist der Mensch. Jede Seite braucht, um nicht zu erstarren, die Gegenseite, den Gegenpol."

„Wie die Erde!", hatte einer der kleinen Engel dazwischengerufen. „Die Erde hat doch auch zwei Pole." Gott streichelte dem kleinen Engel über sein silbriges Haar: „Du bist groß! Ein großer Engel", sagte er. Nachdenklich warf Gott einen Blick aus dem Fenster seiner Werkstatt. Der kleine Engel erzählte später, er hätte beobachtet, wie Gott bei diesem Blick die ganze Welt im Auge gehabt habe.

„Vielseitig, gegenpolig", wiederholte Gott und begann laut die gegenpoligen Seiten des Menschen aufzuzählen: „Frau und Mann, Nähe und Distanz, Freude und Leid, Lachen und Weinen, Höhen und Tiefen …"

Während Gott die ihnen endlos erscheinende Liste der Vielseitigkeiten des Menschen aufzählte, rückten die Engel enger zusammen: „Wie soll der Mensch das schaffen, die vielen Seiten in sich zusammenzuhalten?", fragte der Erzengel Michael besorgt und fügte leise hinzu: „Ich meine, wie soll dieses vielseitig gestaltete Geschöpf leben?"

„Wie ich!", rief Gott den Erzengeln zu. „Ihr könnt es doch von mir ablesen. Außerdem lebt ihr selbst doch auch vielseitig!" Erstaunt und verwundert blickten die Engel drein. Erst jetzt gingen ihnen die Augen auf und sie erkannten sich als vielseitige Wesen, wie Gott.

„Aber", entfuhr es dem Erzengel Raphael, „du, gütiger Gott, lebst uns die Vielseitigkeit jeden Tag vor. Die Menschen aber sollen ja, wie du bestimmt hast, auf der weit entfernten Erde leben." Raphael hatte eine tiefe Sorgenfalte auf der Stirn, wie immer, wenn ihn, den großen Heiler, etwas plagte.

„Ich sagte doch", wiederholte Gott, „die Menschen sind mein Ebenbild! Seht mich an!" Immer wenn Gott die Engel aufforderte, ihn anzuschauen, stimmten sie den großen Lobgesang an. Er endete mit dem „Ehre sei dem Vater und dem Sohn und dem Heiligen Geist. Wie es war im Anfang, so auch jetzt und immerdar und von Ewigkeit zu Ewigkeit. Amen."

„Wie ich sind die Menschen nicht allein", beruhigte Gott die besorgten Engel. „Ich werde sie als Mann und Frau schaffen und ihnen meinen Geist einhauchen. Sie sind dann eine Dreiheit, wie ich, leben in Beziehung zu sich selbst, zu dem Mitmenschen und zu mir. Doch", und dabei wurde Gottes Stimme tief und ernst, „die Menschen werden vergessen, dass sie eine vielseitige Einheit sind. Sie werden sich selbst aufteilen, werden Trennungen vollziehen, Ausgrenzungen, Sonderungen vornehmen. Bei sich selbst, an ihrem eigenen Körper, so, als wäre irgendein Organ an ihnen wichtiger als das andere; bei den Mitmenschen, so, als wäre irgendeine Gruppe von ihnen etwas Besseres, als gäbe es Stufen unter den Menschen.

Auch mich", sagte Gott leise und Tränen traten ihm dabei in die Augen, „auch mich werden die Menschen aus ihrem Alltag ausgrenzen, mich auf bestimmte Tage begrenzen. Einige werden mich ganz vergessen. Das ist dann eure Aufgabe", rief Gott den Engeln zu. „Ich werde euch als meine Botinnen und Boten, als Prophetinnen und Propheten auf die Erde schicken. Ihr werdet die Menschen an mich, die lebendige, vielseitige Einheit, erinnern."

Im weiten Himmel war es still geworden. Gott legte Hammer und Meißel beiseite und es schien so, als blicke er in seiner Weisheit über viele Jahrhunderte hinweg. „Wenn sie auf euch, meine Engel, auch nicht hören, werde ich selbst zu den Menschen auf die Erde hinabsteigen und ihnen die vielseitige Einheit vorleben."

Einige Engel glaubten, aus diesen Worten Gottes dieselbe Entschlossenheit herausgehört zu haben wie am Anfang, als Gott durch den Himmel rief: „Lasset uns Menschen machen, ein Bild, das uns gleich sei!"

„Wenn du den Himmel verlässt, was wird dann aus uns?", fragte der Erzengel Uriel. Er war Vorsänger und Fürsprecher aller Engel. „Ach, habt ihr meine vielfältige Einheit immer noch nicht verstanden?" Ein wenig enttäuscht griff Gott wieder zu Hammer und Meißel.

Mit den fertigen, aus weißem Marmor gehauenen Menschenstatuen, der Frau und dem Mann, unter den Armen, kehrte Gott aus seiner Bildhauerwerkstatt zurück in die Töpferei. Er stellte beide Menschen von allen Seiten gut sichtbar auf den Boden und formte sie nach. Diesmal aus Lehm. „Mit dem Lehm lässt sich der tiefe Riss leichter überdecken. Ich werde eine dünne Tonschicht, die Haut des Menschen, darüber legen", rief Gott den Engeln zu und hauchte den Menschen seinen Leben spendenden Odem ein.

„Und es geschah so. Und Gott sah an alles, was er gemacht hatte, und siehe es war sehr gut. Da ward aus Abend und Morgen der sechste Tag" (1. Mose 1,30-31).

Der weise Mann aus Jerusalem machte eine lange Pause. Dann fragte er mich: „Wartest du auch darauf, dass Gott endlich kommt und uns erlöst? Er wird das Zerrissene verbinden, die Sonderungen und Ausgrenzungen aufheben und uns die Einheit mit ihm vorleben. Verstehst du, den Heiland wird Gott uns schicken. Mit ihm wird alles gut! Er wird unser Zerrissensein heilen."

„Er ist schon gekommen", rief ich spontan, „in dem Kind in der Krippe!" Und dann erzählte ich dem weisen Mann von jener Nacht im Stall von Bethlehem. „Wo ist das Kind jetzt?", fragte der alte Mann neugierig. Darauf wusste ich keine Antwort.

Nachdem ich mich herzlich bedankt und bereits von ihm verabschiedet hatte, hielt er meine Hand fest, schaute mir in die Augen, wie Perez bei unserer ersten Begrüßung vor seiner Einsiedelei, und sagte: „Männer wie dich brauchen wir! Meine Freunde sind, da bin ich mir sicher, auch sehr interessiert an deinem Erlebnis im Stall von Bethlehem, an dem Kind in der Krippe. Komm doch mit in unseren Kreis! Wir treffen uns an jedem ersten Tag der Woche abends nach Sonnenuntergang hier in meinem Haus. Frag, wenn du mein Haus nicht gleich findest, nach Ruben."

Beim nochmaligen Abschied draußen vor der Tür musste Ruben heftig niesen. Er zog ein Taschentuch unter dem Gewand hervor. Da sah ich, hinter den Gürtel geklemmt, einen Griff, wie von einem Dolch. Trug er einen Dolch als Waffe bei sich?

Du bist jetzt ein Gottesstreiter

Überaus herzlich wurde ich im Kreis der Männer gegrüßt. Sie kamen, wie Ruben mir gesagt hatte, aus Jerusalem und den umliegenden Städten. Zu meiner Verwunderung saß keine einzige Frau in der Runde. Später erst habe ich begriffen, warum. „Das ist Gerschom, Korbflechter und Ziegenhirte aus Hebron", so stellte Ruben mich seinen Freunden vor. „Gerschom hat uns etwas Wichtiges zu berichten." Ruben gab mir ein Zeichen, wie vereinbart von meinem Erlebnis im Stall von Bethlehem zu erzählen. Alle hörten gespannt zu. Sie wurden sehr nachdenklich.

Ein junger Mann stand auf. Er war etwa so alt wie ich. „Ich bin Ephraim. Wir kennen uns noch nicht, obwohl ich wie du in Hebron wohne. Ich bin vermutlich später zugezogen." Ephraim geriet ins Stocken. Er räusperte sich einige Male, dann fuhr er fort: „Es wird dir nicht entgangen sein, was kurz nach jener Nacht, von der du uns erzählt hast, geschehen ist. Du wirst gehört haben, dass Herodes, unser König von Roms Gnaden, dieser grausame Tyrann, alle Kinder im Alter bis zu zwei Jahren in Bethlehem und Umgebung durch seine Soldaten ermorden ließ. Irgendwelche selbst ernannten Propheten aus Fernost hatten ihm zugetragen, ein neuer König sei soeben in Bethlehem geboren. Ausgerechnet in dem armen Bethlehem!

Herodes hat daraufhin Panik bekommen. Er war, wie wir alle wissen, im Beseitigen von verdächtigen Verschwörern, die er in allen um sich herum vermutete, nicht zimperlich. Nicht einmal seine Frau und sein Sohn waren vor ihm sicher. Er hat sie kaltblütig umbringen lassen. Sie hätten, so behauptete er, eine Verschwörung gegen ihn geplant. In seinem Verfolgungswahn hat Herodes auch alle Dörfer rings um Bethlehem in seine Mordpläne mit einbezogen. Das Kind, von dem du erzählt hast, wird seinen Soldaten nicht entkommen sein."

„Nein!", rief ich. „Er hat es nicht töten können. Seine Eltern sind wenige Tage nach seiner Geburt mit ihm nach Ägypten geflohen. Die Töchter des Stallwirts haben es mir berichtet."

„Wer sich in die Hände der Heiden begibt, verunreinigt sich und kann unmöglich der erwartete Messias sein!", rief einer der Männer dazwischen. Die anderen in der Runde nickten stumm.

„Aber", antwortete ich und schaute dabei auf Ruben, „du hast mir gesagt, der kommende Heiland würde den Riss heilen, der durch die Menschheit geht. Er ist zu den Heiden gegangen, um den Riss zwischen ihnen und uns zu heilen."

„Du kennst die andere Geschichte nicht", antwortete Ruben. „Sie gehören zusammen, die beiden Geschichten. Die andere Geschichte besagt: Erst wenn alle Menschen in unserem Volk, ich betone: alle, einen Sabbat lang alle Gebote Gottes halten, dann kommt der Messias und heilt den Riss.

Darum sitzen wir hier beisammen. Wir überlegen, wie wir alle Menschen davon überzeugen und dazu bringen können, einen Sabbat hindurch nicht mehr zu arbeiten. So bereiten wir dem Messias den Weg. Wenn du willst, kannst auch du ein Wegbereiter des Messias werden. Du hast gute Beziehungen zu den Hirten. Sie sind es, die immer wieder den Sabbat brechen. Erst vor Kurzem habe ich beobachtet, wie ein Hirte seinem Schaf, das den Fuß gebrochen hatte, am Sabbat eine Schiene anlegte. Er hätte damit gut bis zum nächsten Tag warten können. Das wäre doch eine Aufgabe für dich, dafür zu sorgen, dass alle Hirten die Sabbatgebote strengstens einhalten."

Die Männer standen auf, klatschten in die Hände und nickten mir freundlich zu. Ich wusste nicht, wie mir geschah. „Ich ein Wegbereiter des Messias!" Das war ein schöner, ein Mut machender Gedanke. Perez hatte doch auch immer davon gesprochen, nein, so gelebt, dass dem Messias der Weg bereitet würde.

„Ich werde einer von euch!", sagte ich fest entschlossen. Im Raum war es einige Minuten lang totenstill. Drei der Männer traten auf mich zu, legten mir ihre Hände auf Kopf und Schultern und sprachen: „Du bist von nun an ein Gottesstreiter, ein rechter Israelit. Du wirst dafür kämpfen, dass keiner Gottes Haus verunreinigt, kein Fremder den heiligen Tempel betritt. Du wirst mit uns dafür kämpfen, dass die Römer unser Land verlassen."

„Kämpfen, kämpfen, kämpfen!" Mir wurde schwindelig. Jeder nannte eine andere Aufgabe für mich. Endlich beendete Eleazar, der Leiter der Gruppe, die Aufzählung meiner Pflichten, indem er mich segnete: „Gottes Kraft komme über dich und bleibe bei dir, heute und alle Zeit! Amen!"

Ich atmete erleichtert auf, hob den Kopf, sah Eleazar in die Augen und meine Bedenken verflogen. Von diesem Augenblick an war ich mir absolut sicher, hier, bei den Sikariern, den Dolchträgern, wie sie sich selbst nannten, am richtigen Platz zu sein, meine Lebensaufgabe gefunden zu haben. Regelmäßig besuchte ich von da an ihre Versammlungen, die geheimen Treffen.

Als ich dann nach zweijähriger Probezeit zur letzten Zusammenkunft vor dem Passahfest den Saal betrat, trugen alle weiße Gewänder. Auf dem Tisch, neben dem siebenarmigen Leuchter, lag auf einer Silberschale ein Dolch. „Endlich", dachte ich, „endlich bekomme ich auch einen!" Ruben zog mir ein weißes Gewand an. Zwei der Männer stießen in ihre blank geputzten Posaunen, ein anderer schwenkte das Weihrauchgefäß. Eleazar trat auf mich zu und überreichte mir den Dolch: „Ein Zeichen der Würde, der Erwählung, der Tapferkeit. Trag diesen Dolch zum Schutze unseres Volkes und zur Ehre Gottes! Du bist vom heutigen Tag an ein vollwertiges Mitglied unseres Geheimbundes, ein Sikarier. Hier drinnen kannst du den Dolch offen tragen. Nur draußen musst du ihn verstecken." Eleazar zog seinen Dolch und zeigte mir, wie man ihn sicher und gut unter dem Gewand verborgen hinter den Gürtel steckt. Ich brauchte einige Zeit, bis mir das gelang. Es kam ja darauf an, den Dolch möglichst schnell und unauffällig verschwinden zu lassen.

Immer wieder griff meine Hand auf dem Heimweg nach dem Dolch. Ich war stolz, ein Sikarier, ein Dolch tragender Gotteskämpfer zu sein.

Doch schon bald mischte sich Angst in meinen Stolz. Eine Woche nach meiner feierlichen Aufnahme in den Geheimbund der Sikarier brach in Jerusalem eine große Unruhe aus. König Herodes hatte zu Ehren des römischen Kaisers einen goldenen Adler über der großen Tür des Tempels anbringen lassen. Nach den religiösen Gesetzen war es strengstens verboten, lebende Tiere in Gold, Stein oder Holz darzustellen. Dass Herodes dieses Gesetz missachtete, dazu den goldenen Adler ausgerechnet über der Tempeltür aufhängen ließ, wurde von allen Frommen als eine unverschämte Gotteslästerung angesehen.

Wenige Tage später haben sich junge Männer an Stricken entlanggehangelt und mit Axthieben den Adler heruntergeholt. Welch kühne Heldentat! Sofort schritt die Tempelpolizei ein und verhaftete die jungen Rebellen. Herodes, bereits ein todkranker Mann, lag zu der Zeit im Krankenhaus von Jericho. Er ließ die in Ketten gebundenen Gefangenen vorführen und verurteilte sie alle zum Tode. Die auf frischer Tat Ertappten ließ er auf dem Scheiterhaufen bei lebendigem Leibe verbrennen, ihre Anhänger enthaupten. Unter den Ermordeten befanden sich die beiden Gesetzeslehrer Judas, Sohn des Sariphäus, und Matthias, Sohn des Margaloths.

„Die anderen auf dem Scheiterhaufen waren Leute von

uns", sagte Eleazar. Wir alle waren entsetzt, schockiert und wie gelähmt. Rachepläne wurden geschmiedet. Eleazar hielt eine Grundsatzrede, die er mit den Sätzen schloss: „Es ist bedauerlich, aber wir müssen zuerst die aus der Welt schaffen, die mit den Römern zusammenarbeiten, also unsere eigenen Landsleute: die Mitglieder der reichen Oberschicht, die verdorbenen Priester sowie alle Handlanger des Herodes."

So kam für mich die Bewährungsprobe schneller als gedacht. Ich sollte mit einigen anderen aus unserer Gruppe die Leibwächter des Herodes erstechen. Herodes, das hatten unsere Spione erfahren, hatte sich inzwischen, da es ihm wieder besser ging, in die Schwefelbäder am Toten Meer bringen lassen. Unser Plan war gut durchdacht und bestens vorbereitet.

Unbemerkt schlichen wir uns im Schutz der Dunkelheit an die Leibwächter heran. Mir war der ganz rechts außen zugeteilt. Das Anschleichen hatte mich Perez bestens gelehrt und so hatte ich mich bald so nahe an den Wächter herangepirscht, dass ich unmittelbar hinter ihm stand und seinen herben Schweiß roch. Doch ich konnte nicht zustechen. Ich brachte die rechte Hand, die den Dolch fest im Griff hatte, nicht hoch. Sie war wie gelähmt. Zophar, der neben mir stand, hat den Wächter dann für mich mit erstochen. Auf dem Rückweg tröstete mich Zophar: „Beim ersten Mal habe ich es auch nicht geschafft", sagte er und legte mir freundschaftlich den Arm um die Schulter. So gingen wir mitten in der Nacht zurück zu unserer Höhle, in der wir uns tagsüber versteckt gehalten hatten.

Doch ich konnte nicht einschlafen. Als ich Zophar schnarchen hörte, stand ich auf. Die ganze Nacht hindurch bis zum frühen Morgen lief ich nach Hause, legte mich in mein Bett und weinte bitterlich.

Gott kommt nicht über Leichen zu uns

Vor dem nächsten Treffen mit meinen Freunden hatte ich große Angst. Wie würden sie mir, dem Feigling, begegnen? War nicht durch mich der ganze Mordplan in jener Nacht in Gefahr geraten?

Zu meiner großen Verwunderung waren sie alle sehr verständnisvoll. Aus Erfahrung hätten sie mir Zophar zur Seite gestellt. „Jeder von uns kennt die Angst vor dem ersten Mal", versuchte mich Eleazar zu trösten. Alle nickten.

Zophar hatte die Anweisung gehabt, notfalls meine Arbeit mit zu erledigen. „Arbeit?", dachte ich. „Ist Morden für sie Arbeit?" Sie würden mir Zeit lassen, in sie hineinzuwachsen. Hineinwachsen, wie vertraut das klang. Perez hatte oft vom Hineinwachsen gesprochen. Doch diesmal ging es nicht um ein Hineinwachsen in Gelassenheit und Geduld, sondern ins Töten.

In langen abendlichen Gesprächen hat mir Eleazar meine Bedenken ausgeredet: „Es geht um Befreiung von Fremdherrschaft und um Gottes Ehre! Wir sind Gottesstreiter! Als solche können und dürfen wir nicht zulassen, dass Fremde", er meinte die Römer, „unser Land, es ist Gottes Land, besetzt halten." Letztlich, so erklärte mir Eleazar, ginge es um die Frage: Wer ist stärker, Gott oder das Böse? „Nur durch Vorsicht, Klugheit und tapfere Entschlossenheit kannst du das Böse besiegen!" Mit dieser Mahnung schloss Eleazar jede seiner beschwörenden Reden.

„Tapfere Entschlossenheit", das war für mich das lösende Wort. Ich wollte meine Verzagtheit und Angst überwinden, ein

Mann sein, fest entschlossen, für das Gute, für Gott zu kämpfen und wenn es nicht anders ging, auch zu töten.

Als zweite Bewährungsprobe bekam ich die Aufgabe, einen römischen Hauptmann zu beschatten, seine Gewohnheiten auszuspionieren und ihn bei passender Gelegenheit aus der Welt zu räumen. Wie sachlich das klang: aus der Welt räumen. Für diese Aufgabe hatten sie mir ein Zimmer in Jerusalem angemietet. Ich konnte dort wohnen und bekam Verpflegungsgeld für zwei Wochen. In dieser Zeit sollte meine Arbeit beendet sein. Zum bevorstehenden Neujahrsfest wurde der Hauptmann wie jedes Jahr in die Stadt zu den Feierlichkeiten erwartet. Das wäre eine gute Gelegenheit, hatte Eleazar mir beim Abschied gesagt.

Eine gute Gelegenheit, das hieß: mitten im Menschengetümmel, wenn sich alle dicht an dicht, auf Tuchfühlung durch die engen Straßen schieben, einen Menschen zu verfolgen, den günstigsten Augenblick abzuwarten, blitzschnell zuzustechen und sich sofort mitleidsvoll um den Ermordeten zu kümmern. Ein besonders günstiger Augenblick war immer dann gegeben, wenn ein Marktschreier oder Spaßmacher alle Aufmerksamkeit auf sich lenkte.

Schnell hatte ich die wichtigsten Informationen über den Hauptmann, Marcellus hieß er, eingeholt: Er wohnte in Bethanien, einem Vorort von Jerusalem. Vom Dienst hatte er sich für mehrere Wochen beurlauben lassen, weil seine Frau schwer krank zu Hause lag. Jeden ersten und dritten Tag in der Woche ging er zum Markt, um Obst, Eier und Gemüse einzukaufen. Unauffällig schlich ich ihm tagelang nach. Nahte mich ihm von Zeit zu Zeit bis in Reichweite. Merkwürdig: Je länger ich mit ihm Schritt hielt, umso mehr beschäftigte ich mich in Gedanken mit ihm. Nein, er beschäftigte mich!

„Um einen Menschen zu verstehen, musst du lange in seine Fußstapfen treten", hatte Perez oft gesagt. Ich fuhr mir mit beiden Händen über den Kopf, wollte solche Erinnerungen vertreiben. Sie wurden mir immer lästiger. Da drehte der Hauptmann sich um. Unsere Blicke trafen sich. Er nickte mir zu. Wusste er um meinen Plan? Wartete er gar darauf, dass ich ihn bald ausführte? Traurig sah er aus. Tiefe Ränder hatte er unter den Augen. Spuren von durchwachten Nächten am Bett seiner Frau, dachte ich. „Unsinn!", sagte ich leise vor mich hin. „Du fängst an zu spinnen! Wie soll der dich kennen? Vielleicht hat er nur gespürt, dass du ihn von hinten angesehen hast, so wie viele Menschen das spüren, sich spontan umdrehen und mit ihren Augen den suchen, der sie angesehen hat."

Für den kommenden Neujahrstag hatte ich alles sorgfältig vorbereitet. Doch Marcellus erschien nicht. Doch am nächsten Markttag sah ich ihn. Er stand, in jeder Hand eine schwere Einkaufstasche, am Marktstand des Honigverkäufers. Unauffällig trat ich hinzu. Laut ging es dort zu. Mit immer neuen Angeboten lockte der Honigverkäufer die Kunden an. Die Menschen drängten sich wie Bienen um die Honigtöpfe.

Plötzlich brach der Hauptmann vor mir laut schreiend zusammen. Blut quoll aus seinem Rücken und durchtränkte seinen Umhang. Ich stürzte vor und wollte ihn aufrichten. Er schaute mich mit weit aufgerissenen Augen an und flüsterte: „Warum?" Auch der Mann neben mir beugte sich jetzt über den Sterbenden, strich ihm zärtlich über den Kopf und drückte ihm die Augen zu. Als der Mann sich erhob und den Staub aus seinem Mantel klopfte, sah ich den Dolch hinter dem Gürtel.

Die meisten der umstehenden Marktleute waren sehr hilfsbereit. Sie fragten mich und den neben mir stehenden Mann, ob wir Brüder des Ermordeten oder sonst wie mit ihm verwandt wären. „Nein", antwortete der Mann neben mir, „wir tun nur unsere Pflicht!" Mit diesen Worten drehte er sich um und verschwand in der Menge.

Ich stand da wie gelähmt. Hatten sie mir wieder einen Gehilfen zur Seite gestellt? Oder war gleichzeitig ein Mörder aus einer anderen Sikariergruppe auf den römischen Hauptmann angesetzt? Ich weiß es nicht. Eleazar hatte oft davon gesprochen, dass wir nicht alleine kämpften. Es gäbe viele Gruppen wie die unsere. Jede arbeitete völlig selbstständig und unabhängig. Das wäre wichtig, damit nicht durch Verrat die gesamte Bewegung der Sikarier auffliegen konnte. Schlimmstenfalls würden nur die eigenen Leute verraten. Woher der Dolchträger neben mir kam, habe ich nie erfahren.

Bis ins Innerste aufgewühlt und, ja, ich gestehe es, auch erleichtert, ging ich auf vielen Umwegen, mich oft umblickend, zurück in mein Zimmer, fest entschlossen, mich um die kranke Frau des ermordeten Hauptmanns zu kümmern. Mit jedem Schritt vom Mordplatz weg wuchs in mir der Entschluss, mich von den Sikariern zu trennen: Ich kann nicht morden, ich glaube auch nicht mehr, dass es Gottes Wille ist, ihm durch Töten den Weg zu bereiten. „Gott kommt nicht über Leichen zu uns", sagte ich mir. „Feinde", so hatte Perez immer wieder betont, „Feinde sind Menschen wie du und ich. Du musst sie nicht wie einen Bruder oder eine Schwester lieben, hast jedoch auch kein Recht, sie zu töten. Töten vermehrt das Leiden in der Welt und verzögert den Anbruch des Reiches Gottes."

Unwillkürlich schüttelte ich den Kopf. „Du kommst immer dann in meine Gedanken, wenn ich am Ende bin! Was soll ich jetzt tun?" Ja, ich sprach oft mit Perez. Diesmal musste ich jedoch länger auf seine Antwort warten. Erst während ich meine Zimmertür aufschloss, hörte ich ihn sagen: „Pass besser auf deinen dunklen Bruder auf! Er hätte dich beinahe dazu gebracht, für Gott, den Liebhaber aller Menschen, zu morden!"

Mein Abschied, nein, die Trennung von den Sikariern war schrecklich. Zuallererst verlangte Eleazar den Dolch zurück. Ich zog ihn aus dem Gürtel und legte ihn Eleazar in die Hände. Dabei schaute ich ihm in die Augen und erschrak. Sie waren kalt und starr.

Eleazar drohte mir, ich käme nicht lebend aus ihrem Versammlungsraum heraus, bevor ich nicht bei dem Heiligen Israels geschworen hätte, niemandem von meiner Zeit bei ihnen zu erzählen: „Niemandem, hörst du! Auch nicht deinen liebsten Menschen! Solltest du trotzdem einen von uns verraten, weißt du, was dir blüht!"

Ich schwor bei Gott, über alles, was ich bei ihnen gesehen, gehört und erlebt hatte, den Mantel des Schweigens zu breiten. Darauf bildeten sie eine Gasse, blickten zur Decke und ich ging, als wäre ich nie einer von ihnen gewesen, durch den Engpass hinaus ins Freie.

Die Wochen danach waren fürchterlich. Auf jedem Weg, den ich ging, schaute ich mich ängstlich nach allen Seiten um. Manchmal rannte ich einfach davon, wenn fremde Menschen mir zu nahe kamen. Ich hatte schreckliche Angst um mein Leben. Mein Haus baute ich zu einer Festung um, sicherte Fenster und Türen durch dicke Schlösser und Verriegelungen und wagte mich nur noch in Notfällen nach draußen.

Wieder kam mir die Erinnerung an Perez zu Hilfe: Er hatte mir von einer Gruppe erzählt, die einsam am Toten Meer lebte, abgeschlossen von aller Welt. Soll ich zu ihnen gehen, mich ihnen anschließen?, fragte ich mich. Da wäre ich in Sicherheit! Aber mich gleich wieder einer neuen Gruppe anschließen? Was ich bisher von dieser Gruppe gehört und gelesen hatte, klang wenig einladend: ohne Frauen, ohne Liebe, ohne Geld, in alleiniger Gesellschaft von Palmen.

Du brauchst Zeit, sagte ich mir, Zeit, um wieder in deine innere Sicherheit hineinzuwachsen. Irgendetwas in mir war zerstört. Es war mehr als die innere Sicherheit.

Aus dem Blickwinkel der Feinde sieht die Welt anders aus

Fieberhaft überlegte ich, wie ich mein Gelöbnis wahr machen könnte, mich um Aquilla, die kranke Frau des ermordeten Hauptmanns Marcellus, zu kümmern. Ihren Namen hatte ich von der Gemüsefrau auf dem Markt erfahren, bei der Marcellus meistens eingekauft hatte. Aquilla sei eine sehr wohltätige Frau. Ihr sei es zu verdanken, dass die Krankenhallen in Jericho neu gestrichen und die Treppe im Turm erneuert worden waren. Aquilla habe, so erzählte die Gemüsefrau, ein Herz für Kranke. „Ihr Mann Marcellus und sie haben, obwohl sie Römer sind, viel Gutes für unser Volk getan. Ich kann darum nicht verstehen, warum ausgerechnet Marcellus, hier auf dem Markt, vor aller Augen von dieser Bande der Sikarier hinterrücks ermordet worden ist", fügte die Marktfrau voller Zorn hinzu und wog mir die Feigen ab.

Ich teilte ihre Entrüstung und fragte wie nebenbei, ob man etwas Näheres von dem Täter wüsste. Sie schüttelte den Kopf. „Nein, die Mörder sind feige. Sie stechen mit ihren spitzen Dolchen von hinten zu und dann verschwinden sie unerkannt in der Menge!"

Nachdem ich die Feigen bezahlt hatte, erkundigte ich mich noch nach Aquilla: „Wer kümmert sich denn jetzt um die kranke Frau des Hauptmanns?" „Das ist es ja gerade, was ich nicht begreife", antwortete die Marktfrau. „Marcellus war nicht im Dienst. Um seine todkranke Frau zu pflegen, hatte er sich für einige Wochen aus dem römischen Heer beurlauben lassen. Aquilla hat doch sonst niemanden mehr. Sie lebte ganz alleine mit ihrem Mann in Bethanien."

„Hatten die beiden keine Kinder?", fragte ich nach. Doch davon wusste die Marktfrau nichts. Aquilla wäre vor ein paar Tagen in die Krankenhallen von Jericho eingeliefert worden. Ich bedankte mich herzlich bei der Marktfrau. „Aber wofür denn?", fragte sie verwundert. „Ich habe zu danken, dass du bei mir eingekauft hast!"

Zu Hause packte ich sofort meine Sachen und brach am nächsten Tag, noch vor Sonnenaufgang, auf, um Aquilla zu besuchen. Unterwegs habe ich mir genau überlegt, was ich ihr auf die Fragen antworten würde, wer ich sei und warum ich sie besuchen komme.

Das Krankenhaus lag am Rande der Stadt, von einem Palmenwald umgeben. „Wen darf ich der Frau Hauptmann melden?", fragte der Krankenpfleger. „Antonius, ehemaliger Soldat von ihrem Mann Marcellus", antwortete ich. Der Pfleger schaute mich verwundert an. „Sprichst aber nicht wie ein Römer", stellte er fest. Darauf war ich nicht gefasst. Meine Sprache! Sie könnte mich verraten. „Ich bin ein Überläufer", sagte ich. „Hatte eine große Familie zu ernähren und bin von den Soldaten des Herodes zur römischen Legion übergelaufen, des Geldes wegen", flüsterte ich. „Verstehe! Wird dir nicht leicht gefallen sein", antwortete der Pfleger und führte mich zu Aquilla. Man hatte ihr, der Wohntäterin des Hauses, ein Einzelzimmer gegeben.

Aquilla saß in ihrem Sessel am Fenster. Sie sah mich nicht an, sondern blickte auf den Palmenwald. Ich blieb an der Tür stehen. „Besuch für dich, Aquilla!", rief der Pfleger ihr zu. „Mich braucht niemand zu besuchen! Ich will nicht mehr! Ich hab genug vom Leben!" Sie drehte uns den Rücken zu. „Der Mann hier ist deinetwegen von weit her gereist, aus …?" Der Pfleger sah mich fragend an. „Aus Hebron", antwortete ich. „Hebron, Hebron? Da hat mein Sohn Julius mit seiner Familie gewohnt. Er liegt schon fünf Jahre unter der Erde, gefallen im Kampf gegen Partisanen im Gebirge Judäa. Sie sind in einen Hinterhalt geraten! Julius, ich werde bald bei dir sein!" Aquilla sprach leise, ich konnte sie nur schwer verstehen.

„Darf der Mann hereinkommen?", fragte der Pfleger. Schließlich wandte sich Aquilla zu mir um. Ihr Gesicht war auffallend schön, wenn auch von ihrer schweren Krankheit gezeichnet. Die roten Haare hoben sich von der blassen Hautfarbe deutlich ab. Lange sah mich Aquilla an, als könnte sie Gedanken lesen. Ich hielt ihrem Blick stand, lächelte ihr zu und hob die Hand zum Gruß. Da winkte sie mich herein und zeigte auf den Hocker neben ihrem Sessel.

„Ich bin Antonius", begann ich zögernd. „Es wird dich wundern, ich spreche nicht Lateinisch. Bin von Geburt auch kein Römer, sondern Jude, hoffe du verstehst meine Sprache!" Aquilla nickte: „Wir wohnen seit zwölf Jahren in Bethanien am Ölberg", sagte sie, wurde nachdenklich, lächelte mir zu und fragte: „Wie kommst du zu deinem lateinischen Namen?" „Mein Vater hat für euch, die Römer, gearbeitet. Er war als Zollpächter angestellt. Um seinem Vorgesetzten, er hieß Antonius, zu gefallen, hat mein Vater mich nach ihm genannt", antwortete ich. Da huschte wieder dieses merkwürdige Lächeln über Aquillas Gesicht. „Ach, lassen wir's", sagte sie leise und winkte ab. Ich setzte mich auf den Hocker und begann von mir zu erzählen: „Sieben Jahre habe ich unter deinem verstorbenen Mann ..." – „ermordeten Mann", unterbrach mich Aquilla – „... unter deinem ermordeten Mann als Fremdenlegionär gedient. Vor drei Jahren bin ich bei einem Gefecht mit den Zeloten, am Ufer des Sees von Tiberias, schwer verwundet worden." Ich zeigte dabei auf meine Augenklappe und schob den Ärmel des linken Arms hoch. „Marcellus war ein aufrichtiger und gerechter Feldherr. Er hat uns, seine Soldaten, gut behandelt. Mich hat er sofort nach meiner Verwundung mit einer kleinen Abfindung aus dem Heer entlassen."

Wieder schaute mich Aquilla lange an. „Wenn auch", sagte sie kaum hörbar und lächelte dabei. Ich wurde unsicher. Aquilla aber richtete sich in ihrem Sessel auf und berichtete mit klarer, fester Stimme: „Marcellus war fast immer draußen, bei seinen Soldaten. Selten zu Hause. Das Leben als Soldatenfrau ist hart, oft grausam, besonders in diesem Land. Auch unsere beiden mittleren Söhne liegen hier begraben. Ich weiß nicht einmal, wo! Sie haben als Wachposten ihren Dienst getan, wurden nachts überfallen und verschleppt. Die Mörder haben uns die Gürtel geschickt, in die „Gajus" und „Felix" eingraviert war, die Namen unserer Kinder. Marcellus bekam mehrfach im Jahr Morddrohungen."

Aquilla schwieg und schaute wieder aus dem Fenster und sah den Raben nach, die ins Gebirge flogen. Zögernd erzählte sie, immer noch den Raben nachschauend, weiter: „Claudius, unser Jüngster, hat sich nach einem Einsatz in Indien nicht mehr bei seiner Truppe zurückgemeldet. Er ist irgendwo im fernen Indien untergetaucht, desertiert. Ich muss es Marcellus hoch anrechnen: Nie hat er von Claudius verächtlich gesprochen. Claudius war für ihn kein feiger Deserteur, wie sein Feldhauptmann behauptete, sondern vielmehr ein weitsichtigerer Denker. Ja, so hat Marcellus unseren Jüngsten voller Stolz und Hochachtung genannt und mir erklärt: Der Krieg hier gegen das Volk ist nicht zu gewinnen. Ja, Marcellus nannte die römische Besatzung Krieg. Mehrfach hat er sich von hier weg beworben, vergeblich." Wieder fiel Aquilla in langes Schweigen.

„Woher weißt du überhaupt, wer ich bin und dass ich hier im Krankenhaus liege?", fragte sie mich dann überraschend und ließ mich nicht aus den Augen. Ich war auf diese Frage gefasst und antwortete schnell: „Ein Kamerad, der immer noch im römischen Heer dient, hat mir vom Tod deines Mannes und deiner Krankheit berichtet. Wir haben uns bei der Truppe angefreundet und treffen uns immer wieder mal. Vorige Woche erst hat er mich in Hebron besucht." Da huschte wieder dieses merkwürdige Lächeln über Aquillas Gesicht. Das verunsicherte mich noch mehr. Ob sie meine Unsicherheit gespürt hat?

„Die fliegen nicht in die Berge, sondern in die Wüste", sagte Aquilla, zeigte auf die Raben am Himmel und erzählte weiter: „Eigentlich sollte Marcellus von Rom aus nach Karthago in Nordafrika versetzt werden. Er war beratendes Mitglied der römischen Heeresleitung und darum bei den halbjährlichen Lagebesprechungen mit dem Kaiser Augustus dabei.

Als sich Marcellus einmal kritisch zu den Massenhinrichtungen unter Pontius Pilatus, dem hiesigen Statthalter des Kaisers, äußerte und sagte, dass durch die vielen Kreuze, die Pilatus hat aufrichten lassen, der Hass der Menschen auf uns Römer immer tiefer geworden ist, hat der Kaiser meinem Mann zugestimmt und gesagt: Wer es besser weiß, dem sollten wir Gelegenheit geben, es besser zu machen. Damit war mein Mann hierher nach Palästina versetzt.

Marcellus und ich, wir beide haben dieses Land und seine Bewohner lieben gelernt. Ich war erstaunt über die poetische Literatur, die Lieder der großen Könige David und Salomo. Ich habe sie mit großem Interesse gelesen, ja, einige auswendig gelernt." Aquilla blickte mich von der Seite an. „Kennst du diese Lieder auch?", fragte sie. „Kannst du mir vielleicht sogar eins vorsingen? Ich kenne leider ihre Melodien nicht." Ich nickte und sang ihr ein wenig schüchtern erst, aber dann immer sicherer meinen Lieblingspsalm 121 vor. „Zu den Bergen", wiederholte Aquilla und summte die Melodie nach. „Ja, da werde ich auch bald sein", sagte sie leise und erzählte dann weiter: „Marcellus war besonders von den religiösen Festen begeistert. Wenn es ihm seine

Zeit erlaubte, ging er nach Jerusalem, um an den Festen teilzunehmen, soweit ihm das als Römer überhaupt möglich war. Er kam immer sehr zufrieden und innerlich aufgeräumt von solch einem Festtag zurück.

Auch für dieses Haus", Aquilla zeigte auf die Krankenhallen, „hat mein Mann viel Gutes getan. Kranke brauchen ein schützendes Dach über dem Kopf, hat er oft zu mir gesagt, wenn wir sahen, wie kranke Frauen und Männer draußen im Freien lagen. Von den Steuergeldern, die an Straßen und Brücken eingenommen wurden, hat Marcellus dank seiner guten Beziehungen zu den Finanzbeamten einiges in dieses Krankenhaus fließen lassen. Als Besatzer sind wir Gäste in diesem Land! Nach diesem Grundsatz hat Marcellus gelebt. Aber er war mit dieser Einstellung ziemlich allein.

Warum gerade er? Warum?" Aquilla erhob sich langsam aus ihrem Sessel und holte uns beiden ein Glas Wasser. „Als Frau eines römischen Hauptmanns wurde ich in dem kleinen Bethanien wie eine Aussätzige gemieden. Erst durch meine Großzügigkeit haben sich mir die Herzen der Dorfbewohner im Laufe der Jahre geöffnet. Vertrauen wächst langsam", sagte Aquilla und schaute mich von der Seite an. Ich schämte mich.

Aquilla hatte sich wieder bequem in ihren Sessel gesetzt, ihre Füße in ein Wolltuch eingeschlagen. Langsam und ein wenig stockend erzählte sie weiter: „Von meinen beiden Sklaven, sie waren Geschwister, Kinder eines verarmten, in Schuldknechtschaft geratenen Bauern, die Marcellus als Zehnjährige einem Sklavenhändler abgekauft hatte, habe ich eure Sprache gelernt. Nach dem Tod unserer drei Söhne und dem Verschwinden von Claudius haben wir beide Sklaven als unsere eigenen Kinder angenommen. Vor einem Jahr hat Marcellus ihnen die Freiheit geschenkt. Beide hatten sich während eines gemeinsamen Urlaubs in Galiläa, am See von Genezareth, in Frauen aus Kapernaum verliebt. Mein Mann hat dann für uns zwei dunkelhäutige Sklaven aus Nordafrika gekauft, die für den Haushalt zuständig waren. Sie haben mich sehr liebevoll umsorgt und ich habe in meinem Testament Marcellus darum gebeten, auch ihnen nach meinem Tod die Freiheit zu schenken, als Dank für alles, was sie für mich getan haben. Doch jetzt ..." Aquilla brach ab. Ich sah die abgrundtiefe Traurigkeit in ihren Augen und fühlte mich so hilflos wie noch nie in meinem Leben.

„Marcellus hat mich mit großer Liebe gepflegt", fuhr Aquilla fort. „Er konnte sich seiner langen Dienstzeit wegen mehrere Wochen Urlaub nehmen. Doch ich habe gespürt, wie er immer mehr zusammengefallen ist. Manchmal glaubte ich, er leidet mehr als ich. Viele Nächte hat er an meinem Bett gewacht. Ich hatte ihn darum gebeten, mich zum Sterben hierher zu bringen. Es wird für uns beide leichter sein, habe ich ihm gesagt. Er hat bitterlich geweint und mir geantwortet: Das bringe ich nicht übers Herz. Ich werde dich hier zu Haus wieder gesund pflegen. Jetzt musste Marcellus vor mir gehen! Den beiden Sklaven habe ich, bevor ich mich hierher bringen ließ, die Freiheit geschenkt."

Aquillas Stimme wurde immer leiser. „Ich habe nicht mehr lange zu leben. Ich will aber nicht warten, bis ich von den Geschwüren in meinem Leib zerfressen werde." Sie griff nach meiner Hand. „Es ist die Angst, die mich zerfressen hat, die Angst vor dem ständigen Krieg in diesem Land, einem Krieg, den außer Marcellus nie jemand Krieg genannt hat und der doch jeden Monat einige Tote fordert. Verstehst du? Amor will keinen Krieg. Er will Frieden! Schau, immer mehr fliegen in die Wüste!" Wieder zeigte sie auf die Vögel am Himmel. Ich wusste nicht, wen Aquilla meinte, als sie von Amor sprach.

„Aber lassen wir das Jammern!", rief sie plötzlich mit fester Stimme. Sie erschien mir wie umgewandelt. „Erzähl mir von dir! Hast du eine Frau? Hast du Kinder?" Ich wiederholte, was ich dem Pfleger an der Tür gesagt hatte. Meine Kinder seien inzwischen aus dem Haus und ich würde zusammen mit meiner Frau jetzt in Hebron wohnen.

„Hebron", sagte Aquilla und ihr Gesicht entspannte sich. „Hebron ist schön! Die Landschaft, die Berge, das Tote Meer in der Nähe und weiter unten – wie heißt noch das Meer, in dessen Wasser sich die roten Berge spiegeln? Marcellus und ich sind einmal beim Besuch unseres Sohnes mit der Kutsche dorthin gefahren. Die Korallen, die bunten Fische! Wunderbar! Unvergesslich schön! Komm!", rief Aquilla mir begeistert zu. „Komm, wir steigen auf den Turm, von oben haben wir eine herrliche Aussicht. Vielleicht sehen wir heute sogar bis zum Roten Meer, ja, so heißt es, das Meer mit den bunten Fischen!" Aquilla ergriff meine Hand und wir stiegen langsam, Stufe für Stufe die Treppen zum Turm hinauf.

Von oben hatten wir in der Tat einen herrlichen Ausblick über das Jordantal, bis weit ins Gebirge Judäa. Ich kniff die Augen zusammen und glaubte, sogar die Türme der Stadtmauer von Jerusalem zu sehen.

„Marcellus, ich komme!", schrie Aquilla plötzlich. Als ich mich umdrehte, war sie bereits über die Brüstung geklettert und in die Tiefe gesprungen. Ich hörte, wie sie unten aufschlug. So schnell ich konnte, rannte ich die Treppen hinunter. Aquilla lag da mit weit geöffneten Augen. Ich nahm ihren Kopf in beide Hände und drückte ihr einen Kuss auf die Stirn. „Danke, Gerschom, danke!", flüsterte sie und schloss die Augen.

Ich war zu Tode erschrocken. Zog meine Mütze aus und legte behutsam ihren Kopf darauf. Woher kannte Aquilla meinen Namen? Wofür bedankte sie sich?

Perez fiel mir ein. Er hatte, wir saßen oben auf dem Hügel, damals eindringlich zu mir gesagt: Wenn du einem fremden Menschen begegnest, merk dir genau, wortwörtlich, was er dir als Erstes sagt. Ich schloss die Augen, hörte Aquillas Stimme: „Mich braucht niemand zu besuchen. Ich will nicht mehr! Ich habe genug vom Leben!" Ich hatte diesen Warnruf überhört, war wie so oft nur mit mir selbst beschäftigt. Hat sich Aquila dafür bedankt, dass ich mit ihr auf den Turm gestiegen bin?

Da kroch die Angst in mir hoch.

Pfleger, Ärzte und andere Kranke standen um uns herum. „Wer ist der Fremde mit der Augenklappe?", fragte einer der Ärzte und zeigte auf mich. „Ein Freund ihres verstorbenen Mannes", antwortete Aquillas Pfleger. „Er hat sie besucht." „Dich habe ich doch schon einmal gesehen", sagte der Arzt zu mir, „ich erinnere mich an die Augenklappe. Irgendwo bist du mir schon einmal begegnet. Ich weiß nur nicht mehr, wo!"

Mein Herz schlug mir bis zum Hals. Ich stand da und wusste nicht, was ich sagen sollte. Der Krankenpfleger von Aquilla erkannte meine Not. „Ich verstehe deinen Schreck. Es muss fürchterlich für dich sein." Er machte eine Pause und fügte hinzu: „Aquilla hätte es früher oder später auch alleine getan. Ich bin auch oft mit ihr auf den Turm gestiegen, habe sie jedoch keinen Augenblick aus den Augen gelassen. Wir hätten dich warnen sollen. Doch in letzter Zeit war Aquilla sehr schwach. Keiner von uns hat ihr mehr zugetraut, dass sie es bis oben hin schaffen würde, geschweige denn die Kraft hätte, über die Brüstung zu klettern." Ich fiel dem Pfleger in die Arme und weinte bitterlich.

Den Weg von Jericho zurück nach Hebron werde ich nie vergessen. Immer wieder sahen mich Aquillas große, blaue Augen an und ich hörte sie meinen Namen sagen. Hatte sie meine Lügengeschichten durchschaut? Mich vielleicht sogar als den wiedererkannt, der tagelang um ihr Haus geschlichen und ihren Mann beschattet hatte?

Eigenartig: Im Gehen ist mir unser Lied eingefallen, das wir damals auf dem Rückweg vom Stall in Bethlehem gesungen haben. „Ich muss nach dir forschen", sagte ich laut vor mich hin. „Nach dir, dem Kind von Bethlehem, dem Heiland der Welt. Und ich muss dich fragen: Wenn du auch für mich geboren bist, warum sind dann in letzter Zeit drei unschuldige Menschen in meiner Nähe gestorben?"

Ein Junge aus Nazareth war besonders aufdringlich

Die folgenden Wochen waren schrecklich. Nicht nur weil es Winter wurde und Nebel tagelang die Sonne verhüllte. Es war die innere Unruhe, die mich plagte. Ich traute mich nicht mehr aus dem Haus und im Haus war ich mir selbst ein Fremder. Albträume verfolgten mich. Ich fand keinen Schlaf mehr oder wachte, sobald ich eingeschlafen war, von Traumbildern aufgeschreckt schweißgebadet auf. Ein Traum wiederholte sich immer wieder: Ich irrte durch einen engen unterirdischen Stollen und kam an eine Stelle, an der von oben ein winziger Lichtstrahl durch das Gestein fiel. Er war hell genug, sodass ich vor mir eine dunkle Gestalt erkannte. Erkennen stimmt nicht. Die Gestalt war mir fremd. Sie zeigte nach oben, schüttelte den Kopf und gab mir ein Zeichen, weiterzugehen, ihr ins Dunkle zu folgen. „Bist du es, mein dunkler Bruder?", rief ich, stürzte nach vorn und versuchte seine Hand zu ergreifen. „Nein! Rufweite reicht!", rief er energisch und beschleunigte seinen Gang, sobald ich mich ihm näherte.

Der Weg führte zu meinem Erschrecken nicht nach oben, sondern Stufe um Stufe in die Tiefe. Wenn der Abstand zwischen uns zu groß wurde, wartete der fremde Unbekannte in einer Felsnische auf mich. Ich erschrak jedes Mal fürchterlich, wenn ich plötzlich unmittelbar vor mir seine Schritte und das Aufschlagen seines Wanderstabs hörte. Von der Decke tropfte es und die Felswände, an denen ich mich entlangtastete, waren feucht und glitschig. Es roch nach Moos und feuchter, modriger Erde. Zum Glück hatte ich feste Wanderstiefel an. Doch jeder Schritt ins Dunkle kostete mich doppelte Kraft. Als ich mich todmüde an die Felswand lehnte, keinen Schritt mehr weiter konnte, von dem fremden Begleiter auch nichts mehr vernahm, kam er zurück. Dreimal stieß er energisch mit seinem Stab vor mir auf den Steinboden. Da wachte ich auf.

Die Nacht war stockdunkel. Ich wagte nicht, aufzustehen. Immer wieder glaubte ich, von irgendwoher Klopfzeichen zu hören, und zog die Decke über den Kopf. Unheimlich war mir zumute und die Einsamkeit schmerzte. Sollte ich wieder zurück zu den Hirten gehen?

An Simeon musste ich denken. Wie oft hatte er von den Klopfzeichen Gottes in unserem Leben gesprochen und dann von dem Mann im Stall von Bethlehem, dem Vater des Kindes, erzählt: „Er hat damals, als wir ohne dich, Gerschom, im Stall standen, dreimal energisch mit dem Stock auf den Steinboden geklopft. Das war für uns eine unmissverständliche Aufforderung, den Stall zu verlassen. Es fehlte ja einer von uns. Das hatte die junge Mutter mir mit ihren Blicken, die sie von einem zum anderen wandern ließ, als würde sie uns durchzählen, auch zu verstehen gegeben. Auf das Klopfzeichen des Mannes hin haben wir sofort den Stall verlassen und Benjamin losgeschickt, um dich, Gerschom, zu holen."

Klopfzeichen Gottes! Ich rieb mir die Augen. War nicht auch in einem jener alten Lieder meines Volkes vom Tal der Finsternis die Rede und von dem Wanderstab, der auf den Boden schlägt?

Ich stand auf, zündete eine Kerze an, holte die Psalmenrolle aus dem Schrank und las laut für mich vor, bis zum 23. Lied. Da fand ich jenen Satz: „Und ob ich schon wanderte im finsteren Tal, fürchte ich kein Unglück; denn du bist bei mir, dein Stecken und Stab trösten mich" (Psalm 23,4). Wie Schuppen fiel es mir von den Augen: „Der im dunklen Tal aufschlagende Wanderstab zeigt mir, dass ich nicht allein bin. Er, der große Unsichtbare, geht mit mir, begleitet mich. „Du hörst nur Klopfzeichen, Klopfzeichen meiner Nähe", ruft er mir zu.

Der Traum zeigte mir den Weg aus der Dunkelheit meiner Wintertage: Ich beschloss, meinen auf dem Rückweg vom Krankenhaus in Jericho gefassten Plan, das Kind von Bethlehem zu suchen, in die Tat umzusetzen.

Als Erstes durchstöberte ich meine Erinnerungen und holte alles hervor, was Lea und Susanna mir von dem Kind in der Krippe und seinen Eltern erzählt hatten: Jeschu oder Jesus hieß der Kleine. Lea wollte erfahren haben, dass die Frau und der Mann aus Nazareth stammten. Der Vater des Kindes habe dort mit Schreiner- und Zimmermannsarbeiten als Tagelöhner sein Geld verdient. Er hatte in Bethlehem die alte Stalltüre, die aus den Angeln ging, gerichtet. „Die Männer, die nach euch Hirten zu Besuch gekommen sind, haben königliche Geschenke mitgebracht: Gold, Weihrauch und Myrrhe. Wie einem Königssohn haben sie dem Kind in der Krippe gehuldigt", hatte Susanna erzählt und hinzugefügt: „Ob die Eltern des Kindes sich nur als arme Leute verkleidet haben, um vor den Wegelagerern und Räubern sicher zu sein, weiß niemand von uns." „Eines Morgens ist der Stall leer gewesen. Alle sind auf und davon", hatte Lea noch berichtet.

Ich erinnerte mich immer genauer. Wenn sie den Todesschwadronen des Herodes entkommen sind, werden sie zurück in ihre Heimat, nach Nazareth, gegangen sein, vermutete ich. Aber war nicht bei den Nachbarn auch von ihrer Flucht nach Ägypten die Rede gewesen?

Am nächsten Morgen packte ich das Nötigste ein und brach nach Norden auf. Unterwegs in den Herbergen fragte ich nach, ob sich die Wirtsleute an ein junges Paar erinnern könnten: „Vor etwa zehn Jahren, im Winter, kurz vor der Volkszählung ist es von Nazareth nach Bethlehem gewandert, um sich in die dortigen Steuerlisten eintragen zu lassen. Die Frau war hochschwanger und hat in Bethlehem ihr erstes Kind geboren, einen Jungen."

„Du Witzbold!", sagte ein Gastwirt zu mir. „An die Zeit der Volkszählung erinnere ich mich noch gut. Unser Haus war wie noch nie von oben bis unters Dach belegt. Wie soll ich mich da an einzelne Gäste erinnern?"

Nach zwölftägiger Wanderung erreichte ich Nazareth. Ich atmete erst einmal erleichtert durch, als ich vom Nebel in die Sonne kam. Nazareth liegt etwa vierhundert Meter hoch, oben auf den Bergen Galiläas. Dort oben scheint meistens die Sonne.

Kaum war ich jedoch aus dem Nebel herausgetreten, umringte mich eine Schar bettelnder Kinder. Eins von ihnen bot mir an, mein Gepäck zu tragen. Doch ich erinnerte mich an Warnungen meiner Freunde: „Lass dir nie von einem Fremden dein Gepäck tragen. Es könnte Flügel bekommen."

Einer der bettelnden Jungen war besonders aufdringlich. Vermutlich hat er noch viele kleinere Geschwister zu Hause, für die er mit betteln muss, vielleicht ist auch sein Vater ohne Arbeit, sagte ich mir. Der Junge schaute mich so mitleidheischend an, dass ich ihm vier Scheiben von meinem Brot abschnitt. Nein, er biss nicht hinein. Er rannte davon damit. Die anderen Kinder kamen nun immer näher, rückten mir buchstäblich auf die Haut. Ich wusste mir nicht mehr zu helfen, brach einen Ast vom Baum und jagte sie damit weg. Doch sie kamen immer wieder zurück. Auch der Junge, dem ich das Brot geschenkt hatte, war kurz darauf wieder da, doch nur für zwei Tage, dann war er verschwunden.

Viele der Jungen trugen den Namen Jeschu. Untereinander riefen sie sich meistens mit einem Spitznamen. Einen nannten sie Bohnenstange, einen anderen Spitzmaus, einen dritten

Ziegenbock. Alle waren sie irgendwie gekennzeichnet: Eins der Kinder hatte einen Klumpfuß, ein anderes eine verkrüppelte Hand, ein drittes einen Buckel. Ihrer Kleidung nach kamen sie alle aus armen Elternhäusern, wenn sie denn überhaupt ein Elternhaus hatten.

Die Kinder, es waren nur sehr wenig Mädchen darunter, erkannten bald, dass auch ich nicht zu den reichen Kaufleuten, Viehhändlern oder Großgrundbesitzern gehörte, sondern ein einfacher Mann war. Das Betteln hörte darum bald auf und sie wurden meine Begleiter durch ihr Dorf und die nahe Umgebung. Sie zeigten mir die schönsten Aussichtsplätze und die saubersten Quellen, in denen ich mich waschen konnte.

Von den Bergkämmen, auf denen Nazareth gebaut war, konnte man bis weit in die Ebene, bei schönem Wetter mit klarer Sicht sogar bis zum Meer sehen. Oft saß ich mit einigen der Kinder noch spät abends zusammen. Der Kreis war dann kleiner. Es waren nur noch die bei mir geblieben, die draußen in einer der vielen Berghöhlen schliefen. Sie erzählten mir aus ihrem Leben. Dabei vermischten sie allerhand Spuk- und Spaßgeschichten so ineinander, dass ich oft nicht unterscheiden konnte, was sie selbst wirklich erlebt und was sie sich ausgedacht hatten.

Bereits bei unserer ersten Begegnung hatten sie mich nach der Augenklappe gefragt. Es verging seitdem nicht ein Tag, an dem sie mich nicht darum baten, die Geschichte vom Kampf mit der Bärin zu erzählen. Doch die meiste Zeit erzählten sie selbst, immer wieder unterbrochen von ihrem fröhlichen Lachen, mit dem sie mich ansteckten. Wann hatte ich das letzte Mal so herzlich gelacht?

Die Umgebung von Nazareth war ziemlich eintönig, bis auf die Verwaltungshauptstadt Sepphoris, die zwei Fußstunden von Nazareth entfernt lag. In Sepphoris gab es ein Theater mit viertausend Sitzplätzen, einen königlichen Palast, eine Burg sowie eine königliche Bank. In der Stadt lebten immerhin etwa dreißigtausend Einwohner! Eine breite Durchgangsstraße führte von Westen nach Osten, vom Mittelmeer bis nach Tiberias am See Genezareth. Ich spürte schon nach wenigen Tagen, dass Nazareth zwar ein kleines Dorf, doch durch die Nähe zu Sepphoris mit der weiten Welt verbunden war. Ja, das Leben in Nazareth stand unter dem Einfluss der allgegenwärtigen römischen Verwaltungshauptstadt.

Zwei Wochen blieb ich in Nazareth, suchte die Kinder auf, wo immer ich sie traf, und forschte in der Schule, suchte das Kind von Bethlehem, das jetzt etwa elf oder zwölf Jahre alt sein musste und dessen Eltern aus Nazareth stammen sollten.

Die gelehrten Männer, die ich in der Synagoge traf, dem Versammlungsraum der Gemeinde, der zugleich als Schule diente, lächelten, als ich ihnen den Grund meines Aufenthalts in ihrem Dorf nannte. „Aus Nazareth kommt nichts Gutes", sagte einer von ihnen und gab mir den Rat, mich doch besser in Jerusalem umzuhören und dort nach dem Kind zu suchen. Alle lachten, denn jedem war das Unmögliche dieses Vorschlags klar. Außerdem, so sagte einer der ältesten unter den Gelehrten, könne es sich meinen Angaben zufolge unmöglich um ein königliches, geschweige denn göttliches Kind handeln. Dazu sei es viel zu arm.

Am dritten Tag der zweiten Woche glaubte ich, dem Gelingen meines Vorhabens sehr nahe gekommen zu sein: Ich traf den Jungen nicht beim Spielen mit den anderen Kindern, sondern in der Synagoge. Er sprach sehr aufmerksam mit seinen Lehrern. Namen wie „Jesaja", „Amos" und „Jona" hörte ich im Vorbeigehen. Der wird es sein, dachte ich und folgte ihm unauffällig, als er die Synagoge verließ. Sein Elternhaus lag am Rand des Dorfes. Es war von einer auffallend hohen Mauer umgeben. Der Junge war noch etwa dreißig Meter vom Haus entfernt, da kam ein Mann hinter der Mauer hervor. „Jeschu, Jeschu!", rief er. Das wird sein Vater sein, sagte ich mir. Der Mann lief dem Jungen ein Stück entgegen. Plötzlich blieb er stehen, brach einen Zweig vom Baum und schlug laut schimpfend auf den Bettler ein, der an einem Baumstamm gelehnt vor der Hausmauer saß: „Verschwinde hier sofort und lass dich nie wieder auf meinem Grundstück blicken, sonst hetze ich die Hunde auf dich!"

„Hier kann das göttliche Kind von Bethlehem unmöglich wohnen", sagte ich mir. Doch dann kamen mir Zweifel: Dem Alter und dem Aussehen nach gab es große Ähnlichkeit zwischen dem Vater des Jungen und dem Mann im Stall von Bethlehem. War er es doch? Vielleicht verborgen, unerkannt? Hatten nicht die späteren Besucher im Stall von einem königlichen Kind gesprochen? Susanna hatte doch vermutet, die Eltern hätten sich womöglich als arme Leute verkleidet. Hier, in ihrer Heimat, brauchten sie ihren Reichtum nicht mehr zu verbergen.

Ich erkundigte mich am anderen Tag bei den Kindern, die mich täglich begleiteten. Die Leute hinter der Mauer seien vor etwa acht Jahren in ihr Dorf gezogen. Sie kämen aus Ägypten. Mir klingelten die Ohren. Einige Nachbarn in Bethlehem hatten doch auch davon gesprochen, die Eltern seien wenige Tage nach der Geburt ihres Sohnes nach Ägypten geflohen und so den Soldaten des Herodes entkommen. Der König Herodes war vor acht Jahren gestorben. Die Eltern des Kindes konnten also ohne Gefahr von Ägypten nach Hause zurückkehren.

„Der Junge hinter der Mauer ist sehr nett", sagten die Kinder. „Er darf nur nicht mit uns spielen." Oft warf er ihnen, wenn sie sich gerade vor der Mauer aufhielten, Spielsachen oder sogar etwas zum Essen, ein Stück Brot, Feigen oder Nüsse über die Mauer. Sie waren, so erzählten sie mir, meistens schneller als der Bettler unter dem Baum, teilten jedoch mit ihm alles Essbare, das über die Mauer flog.

Ich war ziemlich durcheinander. Sollte der Junge hinter der

Mauer nicht doch das Kind von Bethlehem sein? Wäre mir nicht auch ein Bettler vor dem Haus lästig?

Mit vielen offenen Fragen trat ich den Heimweg an. Als ich vom Hügel des Dorfes hinunterstieg, umhüllte mich wieder dichter Nebel. Kurz vor Jerusalem traf ich eine Familie, die im heftigen Streit mit ihrem Sohn mitten auf dem Weg stehen geblieben war. Die Mutter redete in strengem Ton auf den Jungen ein. Ob er nicht wisse, was sich gehöre. „Du kannst uns doch nicht einfach weglaufen!", fuhr sie ihn an. Da schaute der Junge zu mir herüber. Ich erkannte ihn sofort: Er war der Junge aus Nazareth, der mich so unverschämt angebettelt hatte.

„Er ist halt ein Lausejunge", sagte ich zu seiner Mutter, strich dem Jungen übers Haar und ging weiter.

Ich kam mir vor wie im Paradies und entdeckte den Wärmestrom der Liebe Gottes

Wie schnell mich meine Füße das letzte Stück von Jerusalem nach Hause trugen! Ich wunderte mich. Leichtfüßig ging ich, wie auf dem Rückweg vom Stall in Bethlehem zum Hirtenfeld. War der Junge, dem ich über den Kopf gestrichen hatte, das Kind von Bethlehem? Das Alter könnte stimmen.

Als ich in Hebron die Haustüre aufschloss, fand ich im Flur eine Tonscherbe. Irgendjemand hatte sie unter der Tür durchgeschoben. Ich drehte sie um und erschrak: In die Tonscherbe war ein Dolch eingeritzt, ein Dolch, wie ich ihn bei den Sikariern getragen hatte. Hatte mich jemand auf dem Marktplatz bei der Ermordung des römischen Hauptmanns beobachtet und, als ich mich zu ihm hinunterbückte, den Dolch unter meinem Gewand gesehen? Hatte einer der schwarzen Sklaven im Haus des Hauptmanns mich verdächtigt und bei den Römern angezeigt? Stand mein Name im Tagebuch von Aquilla? War einer aus meiner ehemaligen Sikariergruppe gefasst worden? Hatte er unter Folter meinen Namen genannt? Oder verdächtigten mich die Sikarier um Ruben, einen von ihnen verraten zu haben?

Nur ruhig, sagte ich mir und versuchte, wieder klar zu denken. Doch es gelang mir nicht, aus dem schrecklichen Gedankenkreislauf auszubrechen, meine Befürchtungen wenigstens für einige Stunden zu verdrängen. Alle paar Minuten lief ich zum Fenster, beobachtete die Menschen auf der Straße, immer in Angst, jemand könnte kommen und mich umbringen.

Den Nachbar, der am Mittag bei mir anklopfte, habe ich dreimal nach seinem Namen gefragt. Er wunderte sich, dass ich am hellen Tag die Haustüre verriegelt hatte. Ich bedankte mich bei ihm, dass er während meiner Reise die Ziegen, die Schafe und Hühner versorgt hatte. Ob ihm sonst etwas aufgefallen wäre, fragte ich ihn. Er hätte nichts Besonderes beobachtet. Nur heute Morgen sei ein Fremder erschienen und habe etwas unter die Haustüre geschoben. Ich erkundigte mich ausführlich nach dem Mann, doch mein Nachbar konnte ihn nur flüchtig beschreiben. Er habe ein langes, schwarzes Gewand getragen und einen auffallend breiten Hut, unter dem sein Gesicht kaum zu sehen gewesen war.

Mir wurde klar, dass ich hier keine Stunde länger bleiben konnte; ich musste fliehen, und zwar sofort.

„Leider muss ich gleich wieder zu einer wichtigen Reise aufbrechen", antwortete ich meinem Nachbarn. Vermutlich werde ich längere Zeit wegbleiben. „Du kannst die Ziegen, Schafe und Hühner für dich nehmen. Ich schenke sie dir. Nur den Esel nehme ich mit." Erstaunt und verwundert sah mich der Nachbar an. „Was ist los mit dir?", fragte er. „Du bist so unruhig! So kenne ich dich gar nicht!" „Lass mal gut sein", antwortete ich und verabschiedete mich von ihm. Er schüttelte nur den Kopf, als er mein Haus verließ.

Ich begann sofort, das Nötigste einzupacken, den Esel zu beladen, sagte den Tieren im Stall Ade, ging drei Runden ums Haus, sah hinter jeden Baum, ob mich auch niemand beschattete. Dann brach ich mit meinem Esel nach Süden auf. Ich ritt in Richtung des Toten Meers. Immer wieder blickte ich mich nach möglichen Verfolgern um. Ein Reiter tauchte hinter mir auf. Ich blieb stehen und tat so, als müsse ich das Gepäck auf dem Rücken des Esels fester verschnüren, und wartete, bis er vorübergeritten war.

Zum Glück kannte ich mich aus Hirtenzeiten in der Gegend

bestens aus und fand am Abend die Höhle wieder, die versteckt in einer Felsnische lag. Früher hatte ich oft dort geschlafen. Sie war so eng, dass außer dem Esel und mir niemand mehr hineinpasste. Ich brach einen Ast von einem Baum und stellte ihn als Tarnung vor den Eingang. Doch ich fand keinen Schlaf. Erst in den Morgenstunden nickte ich kurz ein. Der Esel hat mich sanft mit dem Kopf angestoßen und mich aufgeweckt. Vorsichtig trat ich ins Freie, blickte mich nach allen Seiten um und holte dann den Esel und das Gepäck aus der Höhle. Bis nach Qumran, der Stadt der Essener, war es nicht mehr weit.

Nach drei Stunden stand ich vor dem Stadttor. Der Wächter musterte mich lange und untersuchte sorgfältig mein Gepäck, eher er mich einließ. Das Stadttor fiel hinter mir ins Schloss. Erleichtert atmete ich auf. Endlich in Sicherheit! Ein kräftiger Mann mit breiten Schultern kam auf mich zu: „Kommst du als Durchreisender oder willst du bei uns wohnen bleiben?", fragte er freundlich. „Wenn es möglich ist, möchte ich hier bleiben, mich eurer Gemeinschaft anschließen", antwortet ich. Sebulon, so hatte sich der Mann vorgestellt, nickte und führte mich in einen hellen, weiß getünchten Raum. Auf dem Tisch standen ein Blumenstrauß, eine Kanne mit Wasser, ein Glas und eine Schale mit Früchten.

„Warte hier", sagte Sebulon. „Es ist kurz vor zwölf. Die Gebetszeit beginnt. Danach wird Bruder Nathanael kommen und dir dein Zimmer zeigen. Jetzt erfrisch dich erst mal!" Sebulon schob mir die Früchteschale zu und verabschiedete sich. Zwei Stunden später begrüßte mich Bruder Nathanael. Er nahm sich viel Zeit für mich, fragte nach dem Grund meines Kommens, nach meinem Beruf und meinem früheren Wohnsitz und führte mich in mein Zimmer. „Schlaf dich erst mal aus", sagte er. „Morgen werden wir alles Weitere klären. Wenn du willst, kannst du dich in unserer Stadt auch schon etwas umschauen."

Das Zimmer war einfach, weiß gestrichen, mit einem Bett rechts an der Wand, einem runden Tisch mit zwei Stühlen in der Mitte und einem Schrank hinter der Tür. Erschöpft legte ich mich hin, aber trotz großer Müdigkeit konnte ich nicht schlafen. So stand ich wieder auf, ging hinaus und nutze die Zeit, um mich ein wenig mit der Stadt vertraut zu machen. Das Haus, in dem ich wohnte, hatte elf Zimmer, jedoch keine Küche, auch kein Bad. Ich schloss daraus, dass seine Bewohner in einem anderen Gebäude essen und sich irgendwo in einem großen Bad waschen würden.

Alle Häuser der Stadt waren ähnlich gebaut. Nur drei Gebäude fielen ihrer Größe wegen besonders ins Auge. Vor dem einen blieb ich lange stehen. Es war die Bibliothek. Noch nie, auch in Jerusalem nicht, hatte ich so viele Buchrollen in einem Raum gesehen. Eine wahrhaft stattliche Sammlung! Hier könnte ich nachforschen, was es mit dem Kind von Bethlehem auf sich hat. Hier könnte ich meinen unendlichen Wissensdurst stillen!

Ich staunte: In der Stadt gab es alles, was Menschen zum Leben brauchen: Mühle, Bäckerei, Speicherräume für Lebensmittel, Töpferei, Schmiede, Weberei ... Und – sie erschienen wegen ihrer Größe besonders wichtig zu sein – drei helle Bäder.

Die Menschen, die mir in den engen Gassen begegneten, fast nur Männer, grüßten mich freundlich. Alle trugen, bis auf wenige Ausnahmen, die gleiche schlichte Kleidung: ein langes, aus feiner Wolle gewebtes Gewand. In einem hellen, weiten Raum, die Fenster waren alle nach Süden ausgerichtet, saßen Männer an Tischen mit Tintenfässern und schrieben. Sie schrieben, wie ich später erfuhr, Bücher der Propheten ab.

Besonders auffallend war das riesige Aquädukt, eine hohe Steinbrücke, auf der Trinkwasser aus dem Gebirge Judäa in die Stadt floss. Zwölf große Wasserbecken zählte ich. Zwei davon dienten zum Baden.

Zu meinem großen Erstaunen stand am Ufer des Toten Meeres, da, wo warme Quellen aus dem Gebirge ins Meer mündeten, ein Palmenwald, rings herum lagen Weideflächen für das Vieh. Schlangenförmig flossen Bäche durch Wald und Wiesen.

Alles war sauber und gepflegt. Auffallend langsam und ruhig gingen die Menschen. Keiner rannte oder hastete durch die Straßen. Keine Marktschreier, keine Straßenverkäufer, keine Bettler. Ich kam mir vor wie im Paradies!

Nach meiner ersten Stadtbesichtigung war ich sehr müde, ließ mir noch ein paar von den Früchten schmecken, die auf dem Tisch standen, und legte mich schlafen. Tief und fest habe ich geschlafen, bis mich Bruder Nathanael zum Abendbrot rief. Er führte mich in einen großen Raum, den Speisesaal. Ich saß mit den anderen an einem Tisch, die wie ich in diesem Monat hierher gekommen waren, fünfzehn Männern und zwei Frauen. Es herrschte andächtige Stille. Der Bäcker ging durch die Reihen und legte Brote auf die Tische. Danach trug der Koch jedem eine Schüssel mit der Tagesspeise auf. Ein Mann, der Kleidung nach war es ein Priester, sprach das Tischgebet. Erst jetzt begannen alle zu essen. Vorher hatte niemand etwas angerührt. Beendet wurde das gemeinsame Essen wieder mit einem Gebet. Gleich nach dem Essen kehrte ich in mein Zimmer zurück und schlief bis weit in den neuen Tag hinein.

Nach der überschwänglichen Freundlichkeit, mit der ich am ersten Tag von Bruder Nathanael begrüßt worden war, wurde der Ton am zweiten Tag merklich kühler. Zum Aufnahmegespräch wurde ich in einen kleinen, spärlich möblierten Raum geführt. Dort erwartete mich Nathanael mit einem Schreiber. „Wie du vermutlich schon weißt, sind wir hier in der Gemeinde von Qumran alle gleich reich beziehungsweise gleich arm", begann Nathanael, schaute mir dabei in die Augen und achtete auf jede Regung in meinem Gesicht. „Ich muss dich darum nach deinem

Besitz fragen", fuhr er fort. „Bitte sag mir die Wahrheit! Bist du Eigentümer von Häusern oder Grundstücken? Besitzt du Ziegen, Schafe, Esel oder sonstige Haustiere? Welche Wertsachen in Form von Schmuck oder Münzen gehören dir?"

Ich zählte alles gewissenhaft auf: mein Haus, die drei Wiesen hinterm Haus, das Weizenfeld am Bach, den Steinbruch, den Stall mit den drei Ziegen und den fünf Schafen, alles, was ich von meinen Pflegeeltern geerbt hatte. „Die Tiere habe ich allerdings schon meinem Nachbarn versprochen." Nathanael nickte. „Schließ die Augen und überleg, ob du nichts vergessen oder verschwiegen hast! Du kannst das jetzt noch hinzufügen", sagte Nathanael mit einer eigenartigen Strenge in seiner Stimme. „Die Möbel im Haus, die Gartengeräte, die Werkzeuge im Keller", ergänzte ich ängstlich und überlegte. Nein, mir fiel nichts mehr ein. „Gut", sagte der Schreiber zu Nathanael. „Ich werde dir in fünf Tagen, wenn ich alle Angaben überprüft habe, Bescheid geben, ob Gerschom die Wahrheit gesagt hat."

Eine Woche später ließ mich Nathanael erneut zu sich rufen: „Was ist mit den Dingen in deinem Haus geschehen?", fragte er. „Alles war zerwühlt, die Möbel mit der Axt zerschlagen, Schränke aufgebrochen." Nathanael zögerte. „Den Ziegen und Schafen hat jemand die Kehlen durchgeschnitten. Es muss, so haben die Nachbarn berichtet, in der Zeit geschehen sein, als du bei uns eintrafst."

Ich bin zu Tode erschrocken. „Sie werden mich gesucht haben. Ich stehe vermutlich auf ihrer Todesliste. Oder waren es die Römer?" Ohne Nathanaels Nachfragen abzuwarten, erzählte ich alles, was ich in den letzten Jahren erlebt hatte: von meinem Aufenthalt bei den Hirten und unserem Besuch im Stall von Bethlehem bei dem göttlichen Kind, von meiner Aufnahme in den Geheimbund der Sikarier, dem Mord auf dem Marktplatz in Jerusalem, von meiner Suche in Nazareth nach dem Kind von

Bethlehem, von der Tonscherbe im Hausflur und schließlich von meiner Flucht zu ihnen, den Essenern. Nathanael hörte aufmerksam zu. „Nach deinem Erlebnis mit dem Kind im Stall von Bethlehem werde ich dich später nochmals genauer befragen. Für heute ist es genug. Deine Angaben zum Besitz stimmen. Du kannst bei uns bleiben. Ein Jahr zur Probe und dann eventuell zur Ausbildung als Sohn des Lichtes."

Ich atmete erleichtert auf. Ja, ich war bereit, all meinen Besitz der Gemeinschaft zu überlassen. Das Leben hier in Qumran, beschützt und in Sicherheit, ohne Angst, war mir meinen Besitz allemal wert.

Jeder hier wurde je nach seinen Fähigkeiten mit Arbeit betraut. Entsprechend meinen Angaben sollte ich als Hirte arbeiten. Doch ich äußerte Bedenken und erzählte von meiner Angst, draußen vor den Toren der Stadt von meinen Verfolgern entdeckt und getötet zu werden. Da ich auch lesen und schreiben konnte, wurde ich auf meine Bitte hin als Schreiber angestellt. Meine tägliche Aufgabe bestand zum einen darin, die Bücher der großen Propheten, der weisen Männer unseres Volkes, abzuschreiben. Zum anderen saß ich bei den Aufnahmegesprächen von Neuankömmlingen dabei und schrieb ihre Angaben zum Besitz auf.

Die größte Freude hatte ich beim Abschreiben des Jesajabuches. Immer wieder entdeckte ich für mich neue Stellen, die ich bisher überlesen hatte. Wie sich doch beim Schreiben das Ohr öffnet! Ich hörte aus den Schriftrollen die Stimme des Propheten und staunte: Auch in seinen zornigsten Sprüchen klang immer noch ein werbender, barmherziger Ton mit. Ich entdeckte den Wärmestrom der Liebe Gottes in den Heiligen Schriften der Propheten.

Wenn ich abends von meinem Fenster aus den Steinadler über den Bergen Judäas kreisen sah, war mir, als riefe der Prophet mir zu: „Die auf Gott warten, kriegen neue Kraft, dass sie auffahren mit Flügeln wie Adler, dass sie laufen und nicht matt werden, dass sie wandeln und nicht müde werden" (Jesaja 40,31). Oder wenn am Morgen die Sonne durch den Nebel brach, rief der Prophet mir zu: „Ich, dein Gott, tilge deine Missetat wie eine Wolke und deine Sünden wie den Nebel" (Jesaja 44,22).

Das Überraschendste beim Abschreiben der Prophetenbücher war für mich jedoch die Erkenntnis: Der Wärmestrom der Liebe Gottes wird im Fluss gehalten von der Sehnsucht nach Erlösung, genauer gesagt, nach dem Erlöser, nach dem Heiland, der die Zerrissenheit in uns heilt. Perez war mir bei dieser Erkenntnis nahe!

Das Probejahr bei den Essenern bestand ich ohne große Schwierigkeiten. Die folgende zweijährige Ausbildung machte mir große Freude. Ich genoss die täglichen Vorträge über die Heilige Schrift, das Leben in unserer Gemeinschaft und über das Kommen des Erlösers in unsere Welt. Durch eifriges Studium wurde ich ein angesehener Schriftgelehrter und ohne Einspruch in die Gemeinschaft der Söhne des Lichts aufgenommen.

Ich wunderte mich nicht, dass mir Tag für Tag der Widerspruch zwischen dem Wort Gottes und dem Alltag in unserer Gemeinschaft immer deutlicher wurde. Jede unserer Hauptregeln schloss mit der Ankündigung einer Strafe: „Er soll verminderte Essensration erhalten; soll zweihundert Tage vertrieben werden; soll verbannt werden; soll verschwinden und nie mehr wiederkehren." Wenig war in den „Lebensregeln" unserer Gemeinschaft von dem Wärmestrom vergebender Gottesliebe zu spüren. Bereits ein zorniges Wort einem Mitbruder gegenüber genügte, um hart bestraft zu werden.

Die Sehnsucht nach dem Erlöser, dem Heiland der Welt, die so tief in uns allen brannte, wurde mehr und mehr von dem Ruf nach Krieg und Kampf gegen die Söhne der Finsternis erstickt.

Das allerdings stand für mich nach meinen Erlebnissen bei den Sikariern fest: Nie wieder würde ich mit der Waffe in der Hand für das Kommen des Gottesreiches kämpfen.

Mit dieser meiner Entschlossenheit geriet ich jeden Tag mehr in Widerspruch zu den Kriegsvorbereitungen unserer Gemeinschaft. Mir war klar, dass hier kein Platz mehr für mich sein würde, wenn es zum Krieg käme. Diese Erkenntnis tat weh und machte mir Angst.

Nach und nach erfuhr ich, dass einige unter uns, es waren meistens Männer aus Jerusalem und den größeren Städten, ihr Vermögen der Gemeinschaft nur teilweise überschrieben hatten. Sie lebten von ihrem Reichtum und konnten es sich leisten, in die umliegenden Städte zu fahren und sich schöne Kleider und Schmuck zu kaufen. „Draußen", das war für sie an den Einkaufstagen nicht mehr die böse Welt.

Immer fraglicher wurden mir die wohlklingenden Namen, mit denen wir uns gegenüber den Menschen außerhalb unserer Gemeinschaft abgrenzten: „Heilige Pflanzung, Pflanzung der Gerechtigkeit, Gnadenbund, Gottesbund", nannten wir uns.

Was mir jedoch am meisten zu schaffen machte, waren die strengen Abstufungen innerhalb unserer Gemeinschaft: Ganz oben standen die Priester, dann kamen die Leviten, dann diejenigen, die großen Reichtum mitgebracht hatten oder noch besaßen. Ganz unten standen wir, die Männer und Frauen aus dem einfachen Volk. Wir waren die Minderheit.

Jeder Hausgemeinschaft von zehn Personen war ein Priester vorgesetzt. Einspruch gegen seine Entscheidungen war verboten! „Wenn ich die Heiligen Schriften recht verstehe, gibt es vor Gott keine Stufen", sagte ich mir. „Hier in Qumran aber sind die Stufen so hoch, dass sie keiner überspringen kann. Einige von uns sind eben doch gleicher als andere."

Immer schmerzlicher spürte ich die innere Zerrissenheit:

bleiben und mich anpassen oder den Weisungen der Heiligen Schrift folgen und damit den Ausschluss aus der Gemeinschaft riskieren. Doch wovon sollte ich draußen, in der „bösen" Welt, leben?

*Jeder, der einen Groll hegt gegen seinen Nächsten,
soll verminderte Verpflegung erhalten*

An einem der ersten warmen Frühlingstage des neuen Jahres stand ein junger Mann vor dem Stadttor. Er wollte das Leben in unserer Gemeinschaft kennenlernen und eventuell für immer bleiben. So wie ich vor fünf Jahren. Nur mit dem einen Unterschied: Der junge Mann trug alles, was er hatte, in einem winzigen, aus einem alten Schafsfell zusammengenähten Rucksack auf dem Rücken. Er besaß nicht einmal einen Esel. Offensichtlich war er zu Fuß gekommen. Als er am zweiten Tag dem Bruder Nathanael vorgestellt wurde und der ihn nach seinem Besitz und dem bisherigen Leben befragte, war ich als Schreiber dabei und musste alles sorgfältig aufschreiben. Doch bei der Frage „Was besitzt du?" gab es so gut wie nichts aufzuschreiben, außer dem Rucksack mit einen Paar Wanderschuhen.

Nach wenigen Sätzen kehrten sich allerdings die Rollen um: Nicht Nathanael, sondern der junge Mann stellte die Fragen. Ich hielt den Atem an und vergaß für einige Augenblicke das Schreiben.

„Ihr nennt euch Söhne des Lichts, die anderen da draußen nennt ihr Söhne der Finsternis. Glaubt ihr nicht an das, was Mose und der Psalmbeter sagen: ‚Barmherzig und gnädig ist der Herr, geduldig und von großer Güte'? Rechnet ihr nicht damit, was Gott uns durch den Propheten Hesekiel zuruft: ‚Meinst du, dass ich Gefallen habe am Tode des Gottlosen und nicht vielmehr daran, dass er sich bekehre von seinen Wegen und am Leben bleibe'?" Ich staunte, wie gut sich der junge Mann in der

Heiligen Schrift auskannte. Nathanael wurde immer stiller und runzelte die Stirn.

„Ich will euch eine letzte Frage stellen", fuhr der junge Mann fort. „Gott will das Zerrissene heilen. Warum vertieft ihr durch Aussonderungen und Grenzen, die ihr zwischen euch und den Menschen draußen zieht, den Riss?" Nathanael legte die Stirn noch mehr in Falten und schwieg beharrlich. Da stand der junge Mann auf. Zornig war seine Stimme: „Ihr glaubt, eine reine Weste zu haben, kleidet euch in weiße Gewänder, stellt strenge Regeln auf, schließt die aus, die eure Regeln nicht halten können. Aber hinter euren Fassadengesichtern wimmeln die Würmer der Bosheit, der Gier, der Gemeinheit. Wenn ich nur daran denke, wie du dein Gesicht verzogen hast, als ich sagte, dass ich nicht mehr besitze, als ich in meinem Rucksack bei mir trage. Wenn ich an die begehrlichen Blicke der Mitbrüder denke, mit denen sie den wenigen Frauen unter euch die Kleider vom Leib reißen."

Bei diesem Satz, ich hatte ihn kaum zu Ende geschrieben, stand Nathanael auf und schrie mit hochrotem Kopf: „Raus hier! Sofort raus! Verschwinde aus meinen Augen und lass dich nie wieder hier blicken!"

Nathanael stieß dreimal mit seinem Stab auf den Steinboden. Zwei kräftige Männer kamen herein. Nathanael nickte ihnen zu, sie packten den jungen Mann rechts und links am Arm und führten ihn wie einen Gefangenen ab. Vom Fenster aus sah ich, wie sie ihn zum Stadttor führten. Kaum war der junge Mann draußen, kam Nathanael wortlos auf mich zu, nahm die Blätter von meinem Schreibpult, zerriss sie und warf sie ins Kaminfeuer. Seine Hände zitterten. Als er an mir vorbeiging, las ich in seinem Gesicht nicht nur großen Zorn, sondern auch einen tiefen Schmerz.

Mir ging das Gespräch noch lange nach. Hatte er nicht recht, der junge Mann? Nathanael, das spürte ich, war seit der Begegnung mit dem hartnäckigen Frager von einer merkwürdigen Unruhe erfasst. So wunderte es mich nicht, als es am Morgen des ersten Tages der neuen Woche hieß, Nathanael sei spurlos verschwunden, die ganze Gegend habe man vergeblich nach ihm abgesucht.

Auch für mich kam der Abschied von Qumran schneller als erwartet: Kemuel, Mitbewohner in unserem Haus und mein unmittelbarer Zimmernachbar, hatte wieder einmal seine dreckigen, nach Schweiß stinkenden, nassen Schuhe auf die Fensterbank vor meinem Zimmer zum Trocknen in die Sonne gestellt. Da platze mir der Kragen. Ich schrie ihn an: „Kannst du deine stinkenden Schuhe nicht draußen stehen lassen?" Zwei Mitbrüder gingen vorbei, blieben stehen und schauten erschrocken zu uns herein.

Am nächsten Morgen wurde ich zu Menachim, dem Vorsteher der Gemeinde, in den Saal gerufen. Ich wusste gleich, was das bedeutete. Rechts von Menachim stand Kemuel, neben ihm warteten die beiden Mitbrüder als Zeugen. Wie oft hatte ich schon an ihrer Stelle gestanden und als Zeuge gegen andere Mitglieder unserer Gemeinde ausgesagt. Jedes Mal, so erinnerte ich mich, jedes Mal kam mir der Gedanke: Eines Tages wirst du als Angeklagter da stehen und andere werden gegen dich aussagen.

Ohne Umschweife kam Menachim zur Sache. Er las aus der Buchrolle die beiden von mir verletzen Gemeinderegeln vor: „Und jeder, der einen Groll hegt gegen seinen Nachbarn, was nicht recht ist, soll eine Verminderung der Verpflegung erdulden." Und: „Wer auch immer einen Groll gegen seinen Gefährten hegt, soll bestraft werden durch reduzierte Portionen für sechs Monate." Bei der ohnehin schmalen Kost kam das einer Verurteilung zum Hungertod gleich. Jeden Tag sah ich die ausgezehrten Gestalten durch die Gassen schleichen. Früher oder später landeten sie alle auf dem großen Friedhof. Er war auffallend groß, der Friedhof. Wo sollten sie auch sonst hin, nachdem sie ihr ganzes Vermögen der Gemeinschaft vermacht hatten? Reiche Mitglieder der Gemeinschaft, die noch ein Haus in Jerusalem oder ihren Landsitz am See von Tiberias behalten hatten, entzogen sich den harten Strafen und kehrten dorthin zurück.

Ich weiß nicht, woher ich damals die Kraft nahm. Ich sah Menachim in die Augen und fragte ihn: „Weißt du nicht, wie viel Groll in jedem von uns, auch in dir, steckt? Nur gelingt es nicht jedem so wie dir, den Groll zu unterdrücken und herunterzuschlucken." Menachim bekam einen knallroten Kopf, wie Nathanael vor dem jungen Mann. Genauso wie Nathanael stieß er wortlos dreimal mit seinem Stab auf den Steinboden und ich wurde abgeführt, folgte sozusagen dem jungen Mann nach und wurde ausgestoßen.

Als ich die Kleider aus meinem Zimmer holte, blieb ich noch einen Augenblick in der Tür stehen und sah mich um. Wer hat eigentlich vor dir in diesem Raum gewohnt?, schoss es mir durch den Kopf. Das Zimmer war doch leer, als ich hier eintraf! Liegt mein Vorgänger bereits auf dem Friedhof? Ist er freiwillig gegangen oder wie ich hinausgeworfen worden? Warum habe ich mich vorher nie danach erkundigt? War ich so mit mir selbst beschäftigt? Voller Fragen verließ ich die Stadt Qumran.

In einem war ich mir jedoch sicher: Meine Entscheidung, die Gemeinde der Söhne des Lichts zu verlassen, ist richtig. Ich werde nicht verhungern. Ich weiß, wohin ich gehe.

Am Stadttor von Qumran war mir so, als riefe mir Perez augenzwinkernd zu: „Von Ort zu Ort!" Jedes Mal, wenn er mir das zurief, wuchs in mir die Sehnsucht, irgendwo eine Heimat zu finden und nach Hause zu kommen.

Manche Wege gehst du ungetröstet

Da stand ich nun völlig mittellos am Ufer des Toten Meeres. Hätte ich nicht wenigstens darum bitten sollen, mir den Esel zurückzugeben? Nein, sagte mein Stolz. Ich will mit ihnen nichts mehr zu tun haben.

Den Weg ins Jordantal kannte ich gut. Oft hatte ich mich in meiner freien Zeit, wenn ich die Schreibarbeiten im Kloster beendet hatte, heimlich davongeschlichen und war zu Johannes gegangen. Von Durchreisenden, die nur einige Tage bei uns im Kloster geblieben waren, hatte ich von dem Mann am Jordan erfahren, den sie Johannes nannten. Er lebte wenige Wegstunden von Qumran entfernt am Ufer des Jordans, genau an der Stelle, an der vor vielen hundert Jahren Josua unser Volk, das aus Ägypten geflohen war, über den Fluss ins verheißene Land geführt hatte. Es war auch derselbe Platz, von dem aus der große Prophet Elija auf feurigem Wagen in den Himmel gefahren ist.

Johannes ist mir seit unserer ersten Begegnung vor etwa drei Jahren nicht mehr aus dem Sinn gegangen. Er wanderte durch meine Gedanken. „Wenn Menschen nicht gnädig und barmherzig miteinander umgehen, wird Gott verraten", hatte Johannes mir bei einem meiner ersten Besuche gesagt und hinzugefügt: „Es ist wichtig, den Menschen ins Gewissen zu reden, sie mit den Folgen ihres gottlosen Tuns zu konfrontieren. Doch du darfst keinen von ihnen aus deinem Herzen vertreiben. Wer einen Menschen aus seinem Herzen vertreibt, verletzt sich selbst!" Dieser Satz öffnete mir die Augen: Das Leben in der Gemeinschaft der Essener hatte viele guten Seiten. Wenn ich nur daran denke, dass ich dort gelernt habe, regelmäßig zu beten, feste Gebetszeiten einzuhalten. „Wer nicht regelmäßig betet, betet bald gar nicht mehr", hatte Menachim allen Mitbrüdern eingeschärft.

Doch in letzter Zeit wurde in Qumran mehr über den bevorstehenden Krieg gegen die Söhne der Finsternis gesprochen als über das Beten. „Die da draußen" waren schon seit Langem aus den Herzen der Söhne des Lichts vertrieben worden.

Mit jedem Schritt ins Jordantal löste ich mich von dem Leben in Qumran. Zugleich kroch auch die alte Angst wieder in mir hoch. „Wo soll ich bleiben, wenn Johannes mich nicht bei sich aufnimmt? Nicht einmal eine Decke habe ich, um mich nachts vor der Kälte zu schützen." Ohne es zu merken, lief ich immer schneller, gerade so, als würde ich verfolgt. Ängstlich schaute ich mich um. Und, kein Wunder bei dem steinigen Weg, ich stolperte, fiel hin und schlug mir das rechte Knie auf. Das zwang mich, eine Pause einzulegen und mich hinzusetzen. Allmählich kam ich zur Ruhe.

Dem Stand der Sonne nach war es Mittagszeit, die Zeit, in der alle Mönche in Qumran von ihrer Arbeit kommen, ins erfrischende Bad steigen und anschließend in den Speisesaal gehen. Heilige Stille herrschte dort. „Jetzt ins kühle Nass steigen", sagte ich laut vor mich hin.

Der Schmerz in meinem Knie und das Knurren im Magen riefen mich zurück in meine traurige Wirklichkeit. Vergeblich suchte ich in meinem Gedächtnis nach einem Trostwort der Heiligen Schrift. „Es gibt Zeiten, in denen du ohne ein tröstendes Wort deinen Weg gehen musst." Perez hatte mir das gesagt, nachdem Lea mich verlassen hatte. Merkwürdig, wie du, Perez, mir immer dann begegnest, wenn ich nicht mehr weiter weiß. Danke! Ungetröstet deinen Weg gehen! Ich biss die Zähne zusammen, stand auf und marschierte weiter.

Wie bei meinem ersten Besuch stand Johannes mitten im Jordan und taufte. Er trug denselben kurzen Kamelhaarmantel, mit einem Ziegenledergürtel zusammengebunden. Am Ufer wartete eine lange Schlange von Männern und Frauen. Sie trugen ihre Kinder auf dem Arm. Es fiel auf, wie viele junge Leute da waren. Ihrer Kleidung nach waren die meisten arm. Johannes winkte sie einzeln in den Fluss. Er wechselte ein paar Worte mit ihnen und tauchte sie dann dreimal unter. Ziemlich energisch ging er dabei vor, so, als müsse er bei einigen Täuflingen einen Widerstand brechen.

Nach dem Tauchbad sprach Johannes jedem einen Segensspruch zu und legte ihm dabei die Hände auf den Kopf.

Ich erinnerte mich: Damals, es war bei meinem dritten oder vierten Besuch, als ich Johannes fragte, was das denn für Leute seien, die zu ihm kämen, und was die Taufe für sie bedeute, hat Johannes mir geantwortet: „Diejenigen, die auch sonst ihren Buckel hinhalten, auf deren Schultern schon viel liegt, viel zu viel, die kommen hierher zu mir und bitten um die Taufe. Sie wollen entlastet werden. Oft wissen sie gar nicht genau, woher das Schuldgefühl kommt. Dieses dumpfe Gefühl, nicht in Ordnung zu sein, nicht genug für andere getan zu haben, ja, auch Gott etwas schuldig zu sein. Das bedrückende Gefühl, Schuld mit sich zu tragen, zwingt sie, ihren Buckel hinzuhalten, sich selbst zu verbiegen, zu bestrafen, zu sagen: Lad ruhig noch mehr drauf! Ich schaff' das schon!

Die Menschen, die zu mir kommen, haben auch nicht das Geld, sich im Tempel zu Jerusalem durch ein Sühnopfer von ihrer Schuld freisprechen zu lassen. Sie kommen zu mir, weil sie mir vertrauen und glauben, dass Gott mich dazu berufen hat, den Mühseligen und Beladenen die Vergebung des barmherzigen Gottes zuzusprechen, dass sie aufatmen und fröhlich ihren Weg gehen können." Bei dieser Antwort des Johannes dachte ich: Bist du etwa der von Gott versprochene Erlöser? Johannes sah mich an. Er spürte die Unruhe in mir und sagte: „Nein, ich bin es nicht. Ich warte wie du auf den, der kommen soll."

Nun stand ich wieder am Ufer und wartete, wartete, bis Johannes Zeit für mich hatte. Zu meiner Verwunderung tauchte Johannes nicht alle sofort unter. Dem jungen Mann, der sehr gebeugt in den Fluss stieg, legte er zuerst seine rechte Hand auf den Rücken, die linke auf die Brust, bis er den Kopf hob und aufrecht da stand.

Zwischendurch warf Johannes mir einen kurzen Blick zu und nickte. Ich wartete geduldig und beobachtete aufmerksam die Menschen, die in den Fluss stiegen. Wenn sie nach der Taufe wieder das Ufer betraten, hatte sich ihr Gang verändert. Die meisten blieben noch einige Augenblicke am Ufer stehen und sprachen ein Dankgebet. Einige stellten sich unmittelbar neben mich. Ich hörte ihre Gebete: „Danke, guter Gott. Du bist barmherzig und gnädig. Du hast mir alle meine Sünden vergeben. Danke für das neue Leben!" Einige beteten mit Worten aus den Psalmen, andere sprachen ein freies Gebet. Unvergesslich blieb mir eine junge hübsche Frau. Ich hätte mich auf der Stelle in sie verlieben können. Gebeugt stieg sie in den Fluss. Aufrecht mit erhobenem Kopf blieb sie nach der Taufe einige Augenblicke neben Johannes stehen. Dann ging sie ans Ufer. Vorsichtig wie eine Königin, die eine Krone trägt, setzte sie ihre Schritte. Laut stimmte sie das Lied an: „Lobe den Herrn, meine Seele und was in mir ist, seinen heiligen Namen ..." Bei dem Vers „der dein Leben vom Verderben erlöst, der dich krönt mit Gnade und Barmherzigkeit" breitete sie ihre Hände zu einer Schale aus und legte sie dann auf ihren Kopf.

Am Abend, nachdem alle Täuflinge wieder in ihre Städte und Dörfer zurückgekehrt waren, saßen Johannes und ich noch lange beieinander. Ich erzählte ihm, wie mich Menachim aus der

Gemeinde von Qumran ausgeschlossen hatte, und fragte ihn wie nebenbei nach der jungen Frau, die nach ihrer Taufe so lange neben ihm stehen geblieben war. Johannes sah mich verwundert an. Er spürte, was in mir vorging, und antwortete: „Magdalena kommt immer wieder hierher. Sie leidet an tiefer Traurigkeit und Zwangsvorstellungen. Zu Hause hatte sie ein schweres Leben. Mit zwölf Jahren hat sie ihre Mutter verloren. Magdalena wohnt im Haus ihrer Eltern, am See Genezareth und pflegt ihren kranken Vater. Leute aus ihrem Dorf, die zu mir gekommen sind, um sich wie Magdalena taufen zu lassen, behaupten, sieben Teufel würden in ihr wohnen, weil sie alles siebenmal macht. Siebenmal läuft sie angeblich abends um ihr Haus, jede Woche backt sie sieben Kuchen, die sie übrigens mit den Kindern aus der Nachbarschaft teilt. Sieben Sterne soll sie über ihre Tür gehängt haben und so weiter und so weiter. Magdalena, ihr voller Name heißt Maria Magdalena, ist krank. Nach der Taufe – sie kommt siebenmal im Jahr hierher – fühlt sie sich frei und gesund. Aber es hält nur wenige Wochen bis zur nächsten Taufe."

„Es hat mich sehr bewegt, wie sie, einer Königin gleich, nach der Taufe das Ufer betreten hat. Ich möchte Maria Magdalena gerne näher kennenlernen", sagte ich leise. Johannes nickte: „Wenn sie in sieben Wochen wiederkommt, wird es sicherlich eine passende Gelegenheit geben, euch miteinander bekannt zu machen."

Noch am selben Abend stellte Johannes mich seinen Freunden, er nannte sie „Jünger", vor: „Das ist Gerschom. Er wird für einige Zeit bei uns wohnen bleiben." Zwei von Johannes' Freunden, der eine trug ebenfalls den Namen Johannes, sein Bruder stellte sich als Jakobus vor, schauten mich grimmig an. Es passte ihnen offensichtlich nicht, dass ein Neuer in die Gruppe kam. Mit euch beiden wird es Probleme geben, dachte ich. Und ich hatte mich nicht geirrt: Bei jeder Kleinigkeit geriet ich mit einem von ihnen, oft auch mit beiden, aneinander. Sie hielten immer zusammen, waren sich in allem einig.

Beide konnten wunderbar singen. Das machte es leichter, sie trotz ihrer unbeherrschten Wutausbrüche zu mögen. Bereits am frühen Morgen sangen sie Lieder vom kommenden Gottesreich. Unvergesslich sind mir die Abende, wenn wir nach einem warmen Sommertag bis spät in die Nacht hinein draußen unterm Sternenzelt saßen und ihrem Gesang lauschten. Bei einigen Liedern – viele Lieder hatten die beiden selbst gedichtet und die Melodien dazu erfunden – gab es einen Schlussvers, in den wir alle einstimmten. So stimmten wir zum Beispiel bei dem Lied „Du wirst kommen, Gott" nach jeder Strophe ein: „Komm, Gott, komm in unsere dunkle Welt und mach sie hell!"

„Die beiden können ihr ungeduldiges Warten auf das Reich Gottes oft nicht unter Kontrolle halten", flüsterte mir Johannes an einem solchen Liederabend ins Ohr. „Sie donnern gleich los, wenn etwas nicht nach ihrer Nase ist. Du darfst ihren Ärger nicht auf dich beziehen. Es ist ihre innere Ungeduld." Zugegeben, es fiel mir dennoch schwer, mit den beiden Hitzköpfen klarzukommen. Wenn eben möglich, ging ich ihnen aus dem Weg.

Dir bin ich doch schon mal begegnet

Das Leben bei Johannes war für mich auch in vielem anderen eine große Umstellung: Wie habe ich die ersten Nächte gefroren! Ich war es gewohnt, drinnen, im Haus, in einem warmen Bett zu schlafen. Hier jedoch gab es keine Häuser. Im Winter schliefen wir in den Felsenhöhlen der nahen Umgebung, im Sommer draußen unter den Bäumen. Lausig kalt war es in den Höhlen. Im Sommer fielen die Stechmücken in Schwärmen über uns her.

In vielem anderen erinnerte mich das Leben bei Johannes jedoch an die Zeit mit Perez: Johannes kannte wie Perez die Sprache der Tiere. Er entschuldigte sich jedes Mal bei den Bienen, wenn er ihre Waben aus einem hohlen Baumstamm holte, oder bei den Heuschrecken, wenn er sie nachts von den Bäumen schüttelte. Wie habe ich mich vor den gegrillten Springtieren geekelt! Doch mit der Zeit schmeckten sie mir immer besser. Ich lernte, sie aufzustöbern und zu fangen.

Auch in Johannes brannte, ich sagte es bereits, eine tiefe Sehnsucht nach dem Reich Gottes, genauso wie in Perez. „Reich Gottes ist der Bereich in unserer Welt, in dem der barmherzige Gott wohnt." Ich sah Johannes fragend an. „Ja", antwortete er. „Schon jetzt, hier, unter uns und dann auch in Jerusalem, im Haus der Priester, der Schriftgelehrten, im Königspalast des Herodes und endlich auch bei den Römern. In der Heiligen Schrift steht doch: Gott ist König über alle Völker." Ich erinnerte mich: Wie sagte doch Perez? „Wo Gott nicht im Alltag ankommt, bleibt er machtlos."

Unvergesslich bleiben mir die Gebete am frühen Morgen, vor Sonnenaufgang, oben auf dem Berg: Wir stiegen immer auf denselben Berg, auf unseren Gottesberg. Zuerst stimmten die Brüder Johannes und Jakobus ein Loblied an. Dann sprachen wir gemeinsam den Morgenpsalm: „Herr, höre meine Worte, merke auf mein Reden! Vernimm mein Schreien, mein König und mein Gott; denn ich will zu dir beten. Herr, frühe wollest du meine Stimme hören, frühe will ich mich zu dir wenden und aufmerken" (Psalm 5,2-4). Bei den letzten Versen „Lass sich freuen alle, die auf dich trauen ..." bildeten wir einen Kreis und tanzten der aufgehenden Sonne entgegen.

Johannes strahlte eine unglaubliche Heiterkeit und Freude aus. Er kannte keine Angst. Oder doch? Damals, als die Soldaten kamen und ihn abholten, hat er am ganzen Körper gezittert. Aber davon später!

Vorher will ich noch von dem hohen Besuch erzählen: Eines Morgens, es war, wenn ich mich recht erinnere, in der zweiten Sommerwoche, standen Pharisäer und Schriftgelehrte aus Jerusalem am Ufer, um sich taufen zu lassen. Noch nie habe ich Johannes so toben sehen: „Ihr Schlangenbrut, wer hat euch denn gewiss gemacht, dass ihr dem künftigen Zorn entrinnen werdet?" Ungetauft ließ Johannes alle wieder abziehen. Ich war wie vor den Kopf gestoßen. Wie kann ein Mensch so hart und grob zu anderen sein?

Johannes spürte meine Verwirrung. „Weißt du", sagte er kurz darauf zu mir und den anderen Jüngern, „getauft werden kann nur, wer auch bereit ist, sein Leben zu ändern; wer seinen Hochmut, vor Gott besser dazustehen als andere, aufgibt; wer umkehrt; wer seine Fehler einsieht. Wer wieder gut macht und um Verzeihung bittet, wo er andere verletzt, betrogen, getäuscht hat. Wer bereit ist, seine Mitmenschen, die in Not sind, nicht allein zu lassen."

Der andere Besuch am Jordan, von dem ich auch berichten möchte, war von ganz anderer Art: Ein junger Mann stand in der Schlange der Täuflinge und wartete geduldig, bis Johannes ihn in den Fluss winkte. Dem bin ich doch schon mal begegnet, dachte ich und durchforschte mein Gedächtnis. Ja, klar! Es war der junge Mann, der Nathanael die kritischen Fragen gestellt und den Nathanael voller Zorn zum Teufel gejagt hatte.

Als er vor Johannes im Jordan stand, gab es zwischen den beiden, für uns gut hörbar, eine kleine Auseinandersetzung. Typisch für ihn, den Querdenker, dachte ich und traute meinen Ohren nicht. „Nein!", rief Johannes, „nicht ich dich, du solltest mich taufen!" Der junge Mann aber blieb mit gesenktem Kopf geduldig stehen und wartete auf die Taufe. Johannes gab schließlich nach und taufte ihn. Nach der Taufe haben sich die beiden im Fluss noch eine Weile unterhalten, leise, wie zwei Freunde, die ein Geheimnis miteinander besprechen. Johannes zeigte auf uns, seine Freunde am Ufer, und nickte dem jungen Mann zu. Der stieg daraufhin aus dem Wasser, kam auf uns zu und stellte sich vor: „Ich bin Jesus, Sohn von Joseph und Maria aus Nazareth." Mir klingelten die Ohren. Sollte er es sein, der Junge aus Nazareth?

Jesus blieb einige Monate bei uns. Doch er hat sich nie richtig eingelebt. Er wohnte bei uns wie ich in den letzten Wochen in Qumran: innerlich bereits woanders, so erschien es mir.

Zu meiner großen Überraschung freundete sich Jesus mit den Hitzköpfen Johannes und Jakobus an. In der Freizeit unternahmen die Drei oft etwas miteinander, gingen ans Tote Meer zum Baden, wanderten durchs Gebirge und durchstreiften die Wüste, um Skorpione und Vipern zu beobachten, wie sie sagten.

Von einem solchen Ausflug in die Wüste kamen die beiden Hitzköpfe eines Tages alleine, ohne Jesus, zurück. Der sei in der Wüste bei den Tieren geblieben, sagten sie. Jesus hätte sie eindringlich gebeten, ihn allein zu lassen, er brauche die Einsamkeit.

Vierzig Tage später kam Jesus klapperdürr zurück. Seine leuchtenden Augen standen in einem merkwürdigen Gegensatz zu seinem ausgemergelten Körper. Sie überstrahlten die Hungerfalten in seinem Gesicht.

Kurz darauf verabschiedete sich Jesus von uns. Er nickte den beiden Hitzköpfen und Andreas zu und gab ihnen ein Zeichen, mit ihm zu kommen. Ohne lange zu überlegen, verabschiedeten auch sie sich von uns und zogen mit Jesus davon. Johannes ließ sie gehen. „Ist in Ordnung", sagte er.

Lange sah ich ihnen nach. Nein, ich war nicht traurig. Eher erleichtert, dass wir die Hitzköpfe los waren. Dass Andreas auch mit ihnen ziehen würde, damit hatte ich nicht gerechnet. Das tat mir leid.

Immer häufiger erzählten in den folgenden Wochen die Frauen und Männer, die zur Taufe kamen, von Jesus. Sie nannten ihn stets im Zusammenhang mit seinem Heimatdorf: Jesus von Nazareth. Ihren Erzählungen nach taufte er zwar nicht, heilte dafür aber Kranke, predigte und hatte, wie Johannes, einen Kreis von Männern um sich geschart. Sogar Frauen waren angeblich Mitglieder seines Freundeskreises. Jesus, so erzählten sie, war nicht sesshaft, blieb nicht länger als wenige Tage in einem Dorf, sondern zog von Ort zu Ort.

Ist das der Jesus, der bei uns gewohnt hat, fragten wir uns und hatten, wie wir glaubten, berechtigte Zweifel: Abgesehen von seiner Freundschaft mit den Hitzköpfen Jakobus und Johannes hatte Jesus bei uns eher still und zurückgezogen gelebt und war keinem von uns durch besondere Taten oder große Reden aufgefallen. Jeden Morgen ging er zuerst für sich alleine zum Beten, dann mit uns zusammen.

Die Leute, die zu uns an den Jordan kamen, verstärkten unsere Zweifel. Sie berichteten nicht nur Gutes von dem Wanderprediger Jesus. Einige, die anfangs sehr begeistert von ihm gewesen waren, hatten sich tief enttäuscht von ihm abgewandt. „Jesus ist ein Fresser und Weinsäufer, ein Freund der Zöllner und Huren! Der hat keine Ehre und scheut keine Schande!", sagten sie voller Verbitterung.

Mir aber klingelten erneut beide Ohren: „Der Heiland der Welt wird den Riss, der durch die Menschen geht, heilen", hatte Perez immer wieder betont. Er ist es, er verbindet die Menschen, er heilt den Riss. Er schließt niemanden von Gottes Liebe aus, er wird Freund der Ausgestoßenen, sagte ich mir. Dieser Gedanke ließ mich nicht mehr los.

Johannes spürte meine innere Unruhe. Eines Abends fragte er mich: „Sag, kennst du diesen Jesus von Nazareth? Bist du ihm schon einmal begegnet?" Ich nickte und begann zu erzählen. Von dem Kind in der Krippe erzählte ich, von meiner vergeblichen Suche nach dem Jungen von Nazareth, von der Begegnung mit seinen Eltern kurz vor Jerusalem, von dem jungen Mann, der in Qumran Nathanael durch seine Fragen in Zorn gebracht hatte. Johannes überlegte: „Mag sein, dass er es ist, mag sein! Wir müssen unbedingt herausfinden, ob er der verheißene Heiland ist."

Zwei Tage später standen die Soldaten am Ufer. Ohne abzuwarten, bis Johannes die wartenden Frauen und Männer getauft hatte, stiegen sie zu ihm in den Jordan, banden ihm die Arme und führten ihn ab. Ich sah, wie er am ganzen Körper zitterte.

Noch am selben Tag wählten mich die Jünger des Johannes zu seinem Nachfolger.

*Bist du es, der da kommen soll,
oder sollen wir auf einen anderen warten?*

Selbstverständlich bin ich den Soldaten, die Johannes abführten, nachgeschlichen. Ich sagte ja bereits: Im Anschleichen, Nachschleichen, Auskundschaften war ich Meister. Außerdem kannte ich inzwischen in der Umgebung jeden Trampelpfad. Sie brachten Johannes zu meiner Überraschung nicht nach Jericho, auch nicht nach Jerusalem, sondern, geschickt geplant, in die Festung Machärus. Herodes, König von Roms Gnaden, er nannte sich Herodes Antipas, hatte sich in 1200 Meter Höhe, östlich des Toten Meeres, einen prächtigen Sommersitz erbauen lassen. Nach allen Seiten durch unüberwindliche Mauern gesichert, wie eine Festung. Dort oben feierte er, den Blicken der breiten Öffentlichkeit entzogen, rauschende Feste.

Spät in der Nacht kamen die Soldaten am zweiten Tag mit Johannes in der Festung Machärus an, ich in sicherem Abstand hinter ihnen her. Es erschien mir zu gefährlich, noch in derselben Nacht den weiten Weg zum Jordan zurückzugehen. Darum suchte ich mir in der Nähe der Bergfestung eine Höhle, um noch ein wenig zu schlafen. Bis zum frühen Morgen hörte ich Johannes aus seiner Gefängniszelle, unten aus den Kellerräumen der Festung, singen. Er sang sehr laut, als wollte er die Schritte der Wachsoldaten übertönen. Einzelne Verse aus den Psalmen glaubte ich zu herauszuhören: „Nach dir, Herr, verlangt mich! ... Gott, ich hoffe auf dich! ... Gott, erlöse Israel aus aller Not!"

Noch vor Sonnenaufgang stand ich auf und ging zurück zu meinen Brüdern und Schwestern am Jordan und berichtete ihnen alles. Kurz entschlossen schickten wir zwei Tage später eine Gesandtschaft – ich war selbstverständlich mit dabei – zu Herodes auf die Festung Machärus und baten um Erlaubnis, Johannes besuchen zu dürfen.

Herodes war überrascht: Woher wir wüssten, dass und wo Johannes gefangen sei. Wir antworteten ihm: „Gottes Augen bleibt nichts verborgen!" Herodes zuckte zusammen, fing sich dann wieder und schlug einen freundlicheren Ton an. „Ich habe euren Meister zu seiner eigenen Sicherheit vorübergehend in Gewahrsam genommen", erklärte er uns. Vom Jordantal aus seien in letzter Zeit viele Hitzköpfe aufgebrochen, hätten das Volk aufgehetzt, römische Soldaten ermordet und sich selbst als Erlöser Israels ausgegeben. Die meisten von ihnen seien von den Römern gefasst und ans Kreuz geschlagen worden. Ob wir wollten, dass unserem Meister Johannes ein ähnliches Schicksal ereile?

Du bist doch ein hinterlistiger Fuchs, dachte ich. Du hast Angst um deinen Thron und willst Johannes mundtot machen. Es hat sich doch inzwischen überall herumgesprochen, dass du deine Frau verstoßen und dir Herodias, die Frau deines Bruders, genommen hast. Johannes hat dieses Unrecht in seinen Predigten laut und deutlich beim Namen genannt.

„Wir wollen unseren Meister besuchen", sagte ich und ließ dabei keinen Zweifel an unserer Entschlossenheit. „Die Menschen draußen sind bestürzt und entsetzt. Sie fragen, wo du Johannes hingebracht hast", sagte Thomas. Wieder zuckte Herodes zusammen. „Wer hat meine Pläne verraten?", schrie er die umstehenden Diener an. Wir ließen uns nicht einschüchtern. „Die Menschen im Land haben ein Recht darauf zu erfahren, was mit Johannes geschehen ist und wann er wieder freikommt. Er ist unschuldig und wird vom Volk wie der Prophet Elija verehrt. Einige sagen, er sei der wiedergekommene Elija leibhaftig", sagte Philippus und sah dabei dem alten Fuchs in die Augen. Da wurde Herodes wieder zugänglicher. „Sagt den Menschen draußen, ich hätte Johannes zu seiner eigenen Sicherheit für ein paar Tage in Schutzhaft genommen."

Herodes machte eine Pause und überlegte. „Ich kann allerdings nicht zulassen, dass die Massen nun hierher pilgern. Außer euch, seinen engsten Freunden, darf ihn hier niemand besuchen." Darauf winkte er seinen Diener herbei und gab ihm Befehl, die Wachen zu verständigen und uns zu Johannes führen zu lassen.

Der Wächter, der uns zu Johannes bringen sollte, grinste, als er den kleinen Strauß blühender Anemonen in meiner Hand erblickte. Fünf schwere Eisentüren, ich hatte genau mitgezählt, schlossen sich hinter uns, bis wir in einen schmalen, dunklen Gang kamen. Der Wächter führte uns über rutschige Steinstufen in die Tiefe der Festung. Ein dumpfer Geruch nach Erde, Schimmel und verfaultem Stroh schlug uns entgegen. Herodes hatte unseren Meister wie einen Schwerverbrecher ins tiefste Loch der Festung stecken lassen. Der Wachsoldat schob einen schweren Eisenriegel beiseite und brachte uns in Johannes Zelle, einem kleinen, kahlen Raum, in den von oben, durch einen schmalen Spalt in der Mauer, ein wenig Licht fiel.

Johannes wurde von tiefer Freude ergriffen und nahm jeden von uns, Thomas, Philippus und mich lange in die Arme. Ich erschrak. Johannes Kamelhaarmantel, den er immer noch trug, hatte bereits den modrigen Geruch der Zelle angenommen. „Er riecht nach Grab", dachte ich einen Augenblick lang. Doch Johannes zerstreute meine Gedanken. „Blumen, Blumen!", rief er und freute sich wie ein Kind, roch an den Anemonen, strich mit den Fingern zärtlich über ihre Blätter und legte sie dann behutsam auf seinen Strohsack.

Nein, Johannes war nicht niedergeschlagen. Er wirkte sehr lebendig und nachdenklich, fragte uns, wie es weitergehe, unten am Jordan, was die Menschen aus Jerusalem und den anderen Landesteilen berichteten, ob es Neuigkeiten über Jesus gäbe. Wir erzählten ihm ausführlich, was die Frauen und Männer aus Galiläa mit Jesus erlebt hatten: „Er heilt Kranke, treibt böse Geister aus, macht Aussätzige rein, Blinde sehend. Doch", so fügte ich hinzu, „es gibt auch kritische Stimmen: Jesus lässt sich mit Zöllnern und Sündern ein, frisst und säuft bei Festen wie ein ausgehungerter Tagedieb, hat arbeitsscheue Männer um sich geschart, auch einige Frauen mit zweifelhaftem Lebenswandel sind in seiner ständigen Begleitung."

Johannes sank, während wir berichteten, immer mehr in sich zusammen. Dann stand er auf und sagte: „Ich muss unbedingt wissen, ob er es ist! Ob meine Sache bei ihm in guten Händen liegt! Und, bitte fragt ihn das klar und deutlich, fragt ihn: Bist du, der da kommen soll, oder sollen wir auf einen anderen warten?"

Ich war, nachdem wir uns von Johannes verabschiedet hatten, ziemlich durcheinander. Glaubte Johannes, dass Jesus seine Sache weiterführen würde? Was meinte er, wenn er davon sprach, dass seine Sache bei Jesus in guten Händen läge? Verstand Johannes sich als Wegbereiter dieses Jesus? Ich erinnerte mich an die kurze Szene im Jordan, als Johannes sich weigerte, ihn zu taufen und stattdessen von Jesus getauft werden wollte.

Das helle Sonnenlicht, die frische Luft und der blaue Himmel zerstreuten meine Gedanken. Draußen vor der Festung Machärus blieben wir erst einmal einige Augenblicke stehen, rieben uns die Augen und füllten unsere Lungen mit der würzigen, nach Salz schmeckenden Luft, die vom Toten Meer heraufwehte, und ließen unsere Blicke in die Weite schweifen, über die Berge Moabs, auf denen irgendwo unser großer Prophet Mose begraben liegt.

Auf dem Rückweg diskutierten wir lange, ohne uns einigen zu können, wie wir die Fragen unseres Meisters verstehen sollten.

Doch wir waren alle fest entschlossen, so bald wie möglich diesen Jesus aufzusuchen und ihm die Frage des Johannes zu stellen.

Es war nicht schwer, uns nach Jesus durchzufragen. Überall erzählten die Menschen von seinen Wundertaten. Wir hatten uns vorgenommen, drei Tage mit ihm zu gehen, ihn zu begleiten, ihm zuzuhören, auf alles zu achten, was er tat, wie er lebte, um ihm dann am dritten Tag unsere Frage zu stellen.

In Kapernaum, am See Genezareth, trafen wir ihn. Er saß am Ufer, seine Jünger um ihn herum. Unter ihnen erkannte ich zu meinem großen Erstaunen Nathanael aus Qumran! Alle hörten aufmerksam auf ihren Meister Jesus. Er sprach davon, dass er nicht gekommen sei, um Frieden auf die Erde zu bringen, sondern das Schwert (Matthäus 10,34). Ich erschrak: Solche Sprüche kannte ich zur Genüge von den Sikariern. Auch Menachim in Qumran hatte in letzter Zeit oft davon gesprochen, dass jeder von uns bald zum Schwert greifen müsse, um klare Verhältnisse im Land zu schaffen. Unwillkürlich schaute ich zu Nathanael hinüber. Er wich meinem Blick aus.

„Die Sikarier verstehen sich auch als Gottesstreiter mit dem Dolch im Gewande", sagte ich entrüstet vor mich hin und wandte mich enttäuscht von Jesus ab. Nicht einen Tag länger wollte ich bei ihm bleiben! Ganz anderes meine beiden Begleiter. Das Wort vom Schwert hatten sie offensichtlich überhört und nur den Satz behalten: „Wer einem Armen ein Glas Wasser zu trinken gibt, dem wird es bei Gott nicht unbelohnt bleiben." Es gelang ihnen, mich dazu zu überreden, am nächsten Tag noch einmal mit ihnen zu Jesus zu gehen, den sie jetzt auch „großer Meister und Lehrer" nannten. „Nur unter einer Bedingung komme ich mit", antwortete ich. „Morgen schon werde ich ihn klipp und klar fragen: Bist du, der da kommen soll, oder sollen wir auf einen anderen warten?"

Da erkannte ich in Jesus den von Gott gesandten Heiland der Welt

In der folgenden Nacht hatte ich einen bösen Traum, der mich vor dem Morgengrauen aus dem Schlaf aufschreckte. Ich hatte ohnehin in unserem engen Zelt in der Nähe des Sees schlecht geschlafen. Die Mücken hatten mich zerstochen.

Im Traum stand ich, wie damals auf dem Hirtenfeld in der Nähe von Bethlehem einer großen Bärin gegenüber. Sie hat mir im Kampf zuerst mit ihrer scharfen Kralle ein Auge ausgekratzt und mich dann mit beiden Pranken gefasst und auseinandergerissen. Meine Seele war in der blinden Körperhälfte geblieben. Ich irrte nun blind umher, suchte meine andere, die sehende Hälfte und wusste doch, dass es für mich unmöglich war, sie zu finden.

Plötzlich hörte ich Perez' Stimme: „Warte!", rief er. „Warte, bis du gefunden wirst! Du musst dich finden lassen, von deiner sehende Hälfte, sie sucht dich auch! Warte, bis du ihren Ruf hörst!"

Da wachte ich auf. Der Hahn krähte. Draußen begann es zu dämmern. An Schlaf war nicht mehr zu denken. Voller Unruhe stand ich auf und ging an den See. Da traf ich ihn. Jesus kam vom Gebirge. Nanu, dachte ich. Was machst du hier zu so früher Stunde? Jesus hat mich nicht gesehen. Er ging in das Haus, wo ein gewisser Petrus wohnte. Dort sind vermutlich auch seine Freunde zu Gast, dachte ich mir.

Später berichtete ich einem von ihnen, dass ich ihren Meister am frühen Morgen vor Sonnenaufgang draußen am See getroffen hatte. Er nickte: „Ja, der steht jeden Morgen auf, wenn es noch dunkel ist, um in der Einsamkeit der Berge zu beten. Wenn ich nicht mehr bete, trockne ich aus, hat er uns einmal geantwortet, als wir ihn fragten, wohin er so früh am Morgen aufbricht."

An Perez und die Brüder von Qumran erinnerte ich mich. Auch sie standen früh am Morgen auf, um zu beten. Ich schämte mich vor mir selbst, denn ich hatte diese mir lästige Gewohnheit schon seit einiger Zeit aufgegeben. War ich darum oft so unruhig, so leicht reizbar?

Nach dem spärlichen Frühstück aus Honig und Fladenbrot gingen wir zum Haus des Petrus. Er, der große Meister Jesus, stand vor der Tür und zeigte auf die blühenden Anemonen, die in der Sonne leuchteten. „Gott sorgt für sie, er schenkt ihnen dieses wunderschöne rote Kleid." Jesus bückte sich dabei zu einer Blume hinunter. „Wenn Gott die Blumen so kleidet, sollte er dann nicht auch für euch sorgen, euch zu essen geben und dafür Sorge tragen, dass ihr nicht friert, sondern warm anzuziehen habt?" Jesus schaute einen nach dem anderen an, die wir um ihn herumstanden. „Du bist es!", dachte ich. „Du standest damals in Qumran vor Nathanael."

Doch kurz darauf kamen mir wie so oft erneut Bedenken: Der Jesus, der vor Nathanael gestanden hatte, hatte nicht vom Schwert, sondern von der Barmherzigkeit Gottes gesprochen.

Als könnte Jesus wie Perez Gedanken lesen, rief er allen zu: „Seid barmherzig, wie auch euer himmlischer Vater barmherzig ist." Er sah mich dabei an. Ich konnte seinem Blick nicht standhalten und traute meinen Ohren nicht, als er fortfuhr: „Liebet eure Feinde; tut wohl denen, die euch hassen; segnet, die euch fluchen; bittet für die, die euch beleidigen!" Die Gedanken drehten sich in meinem Kopf. Gestern hatte er vom Schwert gesprochen, das er in die Welt bringt, heute von der Feindesliebe.

Da kam Jesus auf mich zu, legte mir die Hand auf die Schulter und sagte: „Ja, beides gilt. Ich bin gekommen, die zerrissenen Herzen zu heilen. Wer mich von ganzem Herzen sucht, wird mich finden. Und wer mich findet, wird sich von seinen bisherigen Freunden trennen müssen."

Ich erinnerte mich an den Traum in der vergangenen Nacht. „Lass dich finden", hatte Perez gesagt. Und, auch das fiel mir in diesem Augenblick wieder ein: Beim Abschied hatte Perez mir nachgerufen: „Du wirst ihn sehen!"

Da erkannte ich in Jesus den von Gott gesandten Heiland der Welt und spürte, wie im Stall von Bethlehem, dieselbe Ruhe und Freude in mir.

„Wir brauchen ihn nicht mehr zu fragen", habe ich zu meinen Begleitern gesagt. „Ich bin mir sicher: Er ist es, der da kommen soll." Doch diesmal bestanden meine beiden Mitbrüder darauf, Jesus die Frage unseres Meisters dennoch zu stellen, ihn selbst zu fragen. Kurz entschlossen traten sie vor Jesus: „Wir möchten dich etwas fragen, das heißt, unser Meister Johannes schickt uns, dich zu fragen."

Bei dem Namen Johannes hob Jesus den Kopf. „Johannes", sagte er leise, „mein großer Lehrer Johannes!" „Johannes lässt dich fragen: Bist du, der da kommen soll, oder sollen wir auf einen anderen warten?"

Jesus überlegte nicht lange. Er sah uns an und antwortete: „Geht hin und sagt Johannes wieder, was ihr hört und seht: Blinde sehen und Lahme gehen, Aussätzige werden rein und Taube hören, Tote stehen auf und den Armen wird das Evangelium gepredigt. Selig ist, wer sich nicht an mir ärgert."

Mit dieser Antwort sind wir drei sofort zu Johannes zurückgegangen. Er sollte keinen Augenblick länger warten.

Nach achttägiger Wanderung kamen wir müde und erschöpft in Machärus an. Schon von Weitem hörten wir Musik. Die ganze Festung war außen mit Fackeln und innen mit Hunderten von

Kerzen erleuchtet. „Der König feiert heute seinen Geburtstag", riefen uns die Wachen zu. Sie hatten strengste Anweisung, keine Fremden in die Festung zu lassen. Wir beteuerten, dass wir keine Fremden, sondern Freunde des Gefangenen seien und die ausdrückliche Erlaubnis des Herodes hätten, unseren gefangenen Mitbruder Johannes zu besuchen. „Wartet hier", befahl uns der Wachsoldat und verschwand in der Festung. Nach längerer Zeit kehrte er zurück. „Bedaure", teilte er uns mit. „Der König lässt euch ausrichten, dass heute ausnahmsweise keine Besuchszeit ist. Ich darf euch auf gar keinen Fall einlassen. In einer Woche stehen euch die Türen zu eurem Mitbruder wieder offen." Er grinste, als er von den offenen Türen sprach.

Alles Bitten half nichts. Die Wachsoldaten drohten uns sogar, die Hunde auf uns zu hetzen, wenn wir nicht augenblicklich verschwinden würden. Traurig und niedergeschlagen zogen wir uns in eine der nahe gelegenen Berghöhlen zurück. Nein, es hatte auch keinen Zweck, unserem Meister Johannes die Antwort zuzurufen. Seine Zelle lag ja, wie ich wusste, an der Außenmauer, unten im Keller. Überall standen Wachposten. Außerdem war die Tanzmusik viel zu laut. Unsere Stimmen hätten sie nicht übertönen können. Auch am nächsten Morgen war die Festung immer noch streng bewacht. Die Geburtstagsfeier dauere noch sechs Tage, sagte ein Wachsoldat, der zum Frühdienst eingeteilt war und uns noch nicht kannte. Also beschlossen wir, die sechs Tage in der Nähe der Festung zu warten. Jede Nacht schlich sich einer von uns abwechselnd so nahe wie möglich an die Außenmauer der Festung heran, zu der Stelle, wo ich Johannes hatte singen hören. Doch jeder von uns kam enttäuscht zurück.

Von Gästen, die das Fest früher verließen, erfuhren wir drei Tage später die schreckliche Nachricht. Voller Entsetzen berichteten sie: „Herodes war schon ziemlich betrunken. Seine Frau hat ihm immer wieder Wein nachgeschenkt. Zu später Stunde ist Salome, die Tochter von Herodias, erschienen. Sie hat vor dem König einen Tanz aufgeführt. Herodes war davon so begeistert, dass er dem Mädchen einen Freiwunsch schenkte: Sie könne sich wünschen, was sie wolle, bis zur Hälfte seines Königreichs. Herodias ist daraufhin mit ihrer Tochter kurz vor die Tür gegangen und hat ihr einen Wunsch ins Ohr geflüstert. Totenstill war es im Festsaal, als das Mädchen mit zitternder Stimme sagte: ‚Ich will, dass du mir gibst, jetzt gleich auf der Stelle, das Haupt Johannes des Täufers.' Eine halbe Stunde später überreichte der Scharfrichter Salome die Silberschale mit dem Kopf von Johannes." Wir konnten unserem Meister die Antwort auf seine Frage nicht mehr überbringen.

Die Nachricht vom Tod des Johannes verbreitete sich wie ein Lauffeuer im ganzen Land. Viele waren entsetzt und schworen tödliche Rache. Wir, seine Jünger, haben uns gleich nach der Geburtstagsfeier bei Herodes angemeldet und ihn um Kopf und Leib von Johannes gebeten. Unten am Jordan, da wo er gewirkt hatte, haben wir ihn begraben.

Lukas kam immer zu den Erzählabenden

Was es noch von uns, der Johannesgruppe am Jordan, zu berichten gibt? Nun, ich wurde als der endgültige Nachfolger unseres Meisters bestätigt. Aber was heißt da „bestätigt"? Nach dem Tod von Johannes ist unsere Gruppe geschrumpft: Fünf sind gegangen, ohne ein Ziel zu nennen. Drei haben sich den Sikariern angeschlossen. Zurückgeblieben sind mit mir nur Thomas, Philippus, Lemuel und Jiska. Jiska war die Seele unserer Gruppe, sie hat uns Männer oft aufgemuntert und aus ihrem unglaublichen Gedächtnis immer neue Erlebnisse und Worte von Johannes in Erinnerung gerufen.

Für die Taufe war nun ich verantwortlich. Doch es kamen immer weniger Leute zu uns an den Jordan.

Da ich also viel Zeit hatte, beschloss ich, Jesus noch einmal aufzusuchen. Ja, ich gestehe es, in mir waren wieder neue Zweifel aufgebrochen: Kann der Schöpfer von Himmel und Erde sich so tief in unser menschliches Leben einlassen? Kann er so ganz und gar Mensch werden, sich in dem winzigen Säugling von Bethlehem so bedingungslos den Menschen ausliefern? Diese Fragen trieben mich zurück zu Jesus.

Die Frauen und Männer, die ich unterwegs traf, erzählten, Jesus sei auf dem Weg nach Jerusalem. Er wolle dort den Beginn des Reiches Gottes ausrufen und sei soeben in Jericho eingetroffen.

Ich bekam es mit der Angst zu tun: Wie viele haben sich in letzter Zeit als Messias feiern lassen! Jedes Mal ist Pilatus mit eiserner Faust dazwischengefahren, hat sie im Eilverfahren verurteilt und wie entlaufene Sklaven ans Kreuz schlagen lassen. Hoffentlich ist Jesus so klug, sich nicht mit Pilatus anzulegen oder ihn zu provozieren!

In Jericho musste ich nicht lange suchen. Vor einem Haus standen Menschen dicht gedrängt und versuchten zu hören, was drinnen vorging. Da saß Jesus neben Zachäus, einem der Oberzöllner und Kollaborateure der Römer, wie die neben mir stehenden Männer voller Zorn erklärten. Offensichtlich feierte Zachäus ein Fest, zu dem er neben Jesus und seinen Jüngern auch seine Berufskollegen eingeladen hatte. Enttäuscht und entrüstet wandten sich einige fromme Männer ab. „Ein Fresser und Weinsäufer!", riefen sie voller Abscheu. „Der schämt sich nicht, sich mit diesen Halsabschneidern und Betrügern an einen Tisch zu setzen!"

Jesus hatte ihre entrüsteten Schmähworte offensichtlich gehört. Er stand auf, trat ans Fenster und rief den empörten Männern zu: „Gesunde brauchen keinen Arzt. Ich bin gekommen, zu suchen und selig zu machen, was verloren ist."

Als ich das hörte, war ich mir sicher: Er ist es, der da kommen soll. Er heilt den Riss, er feiert mit den ausgestoßenen und verachteten Menschen ein Fest. Das Fest der Liebe Gottes. In dieser Gewissheit kehrte ich an den Jordan zurück.

Ein halbes Jahr später erfuhren wir durch Taufgäste von dem schrecklichen Mord in Jerusalem. Pilatus hatte, wie zu befürchten stand, davon gehört, mit welcher Begeisterung die Bewohner von Jerusalem Jesus mit seinen Freunden aufgenommen, welch triumphalen Empfang sie ihnen bereitet hatten. Wie immer, wenn irgendwo jemand begeistert gefeiert wurde, schickte Pilatus seine Soldaten aus, um den Unruhestifter kalt zu stellen und so einen möglichen Aufstand des Volkes im Keim zu ersticken. Bei Nacht und Nebel nahmen sie Jesus ohne großes Aufsehen fest. Im Schnellverfahren ließ Pilatus ihn zum Tod am Kreuz verurteilen und noch am selben Tag hinrichten.

Etwa drei Monate nach dem Tod von Jesus stand Maria Magdalena am Ufer des Jordans. Ihre alten Ängste und Zwangsvorstellungen waren wiedergekommen, sagte sie und erzählte dann, wie Jesus sie geheilt und wie geborgen sie sich in seiner Nähe gefühlt hatte: „Nach seinem Tod ist Maria, meine beste Freundin, zu Johannes, dem Lieblingsjünger von Jesus, gezogen. Die beiden haben sich sehr zurückgezogen und ich war wieder alleine mit meiner Angst. Als mein Vater dann vor drei Wochen gestorben ist, habe ich es in dem Haus nicht mehr ausgehalten."

Ich habe Maria Magdalena getauft, ihr die Hände aufgelegt und gesagt: „So spricht Gott: Fürchte dich nicht, denn ich habe dich erlöst. Ich habe dich bei deinem Namen gerufen, du bist mein." Maria Magdalena schaute mich an und weinte. „Das hat Jesus auch immer zu mir gesagt", flüsterte sie.

Nach ihrer Taufe ist Maria aus Magdala bei uns geblieben. Jiska hat sie dazu überredet. „Ich bin dann als Frau nicht mehr alleine", hat sie gesagt. Jeden Abend erzählte uns Maria Magdalena von Jesus. Wir saßen da und hörten ihr zu. Ich wunderte mich, was sie alles behalten hatte, und gewann sie lieb.

Als dann im Laufe des Jahres nur noch zwei oder drei Täuflinge im Monat zu uns kamen, beschlossen wir, nach Magdala am See Genezareth zu ziehen. Maria Magdalena, die in Magdala geboren war und nach dem Tode ihres Vaters das Haus geerbt hatte, machte uns den Vorschlag, doch mit ihr in einem festen Haus zu wohnen. Der Umzug fiel uns leicht, zumal das Leben am Jordan immer beschwerlicher geworden war, wenn ich nur an die drückende Hitze im Sommer und die Schwärme von Schnaken denke. In Marias Haus kamen wir uns vor wie in einem Gasthaus.

Immer wieder lud Maria neue Gäste zu uns ein. So auch einen gewissen Lukas. Er kam regelmäßig zu den Erzählabenden, so nannten wir die Stunden, in denen wir von Jesus sprachen, das heißt, in denen vor allem Maria von Jesus erzählte. Immer wieder erzählte Maria Magdalena von ihrer Begegnung mit Jesus im Garten: „Ich stand draußen vor seinem Grab. Zu meinem großen Entsetzten war das Grab leer. Ich glaubte, man habe ihn umgebettet, ihn in ein anderes Grab gelegt. Da ich nicht wusste, wo ich ihn suchen sollte, stand ich da und habe in meiner Verzweiflung bitterlich geweint. Woher er kam – ich weiß es nicht mehr, doch plötzlich stand ein Mann vor mir und fragte mich: Frau, wen suchst du? Ich dachte, das ist der Gärtner, und habe ihn gebeten: Bitte führ mich zu dem Platz, an dem du Jesus begraben hast, ich will ihn zu mir holen! Er aber sah mich an und sagte: Maria.

Versteht ihr, er hat nur meinen Namen genannt. Da erkannte ich ihn, unseren Meister, Jesus. Ich wollte ihn umarmen, ihn festhalten. Doch er wehrte sich, wurde sehr energisch und antwortete mir: ‚Rühr mich nicht an! Denn ich bin noch nicht aufgefahren zum Vater. Geh aber hin zu meinen Brüdern und sage ihnen: Ich fahre auf zu meinem Vater und zu eurem Vater, zu meinem und zu eurem Gott.'"

Maria Magdalena machte eine lange Pause. „Bitte", sagte sie dann leise, „bitte nennt mich auch wie er, sagt einfach Maria zu mir!"

Während die Männer in unserem Kreis vom leeren Grab und der Auferstehung sprachen, sagte Maria nur: „Jesus ist mir begegnet und hat mich bei meinem Namen gerufen." Mir klingelten die Ohren. Ich hörte die Stimme des großen Propheten Jesaja, dessen Worte ich in Qumran viele Male abgeschrieben und die ich Maria bei ihrer Taufe zugesprochen hatte: „Fürchte dich nicht, denn ich habe dich erlöst; ich habe dich bei deinem Namen gerufen; du bist mein!"

Zu meiner großen Überraschung entdeckte ich immer mehr Parallelen zwischen dem, was Maria und die Freunde von Jesus erzählten, und dem, was ich in den heiligen Schriften, besonders den Propheten unseres Volkes, gelesen hatte.

Lukas schrieb, während Maria erzählte, aufmerksam mit, fragte oft nach, wollte alles sehr genau wissen und vergewisserte sich, ob er auch alles richtig verstanden hatte.

Auf seine Frage, ob Maria nicht auch etwas aus der Zeit zu berichten wisse, als Jesus noch ein Kind war, lachte sie auf. Und dann sprudelte es nur so aus ihr heraus. Sie erzählte von dem kleinen achtjährigen Jesus: „Seine Mutter hatte ihn mit dem Krug zum Brunnen geschickt, um Wasser zu schöpfen. Der Junge stolperte, fiel hin, der Krug zerbrach in tausend Stücke. Der Knabe lachte. Kurz entschlossen zog er sein Hemdchen aus, formte daraus einen Eimer, ließ den Eimer in den Brunnen und schöpfte damit Wasser. Ohne einen Tropfen zu verschütten, trug er das Wasser in seinem Hemd sicher nach Hause."

Je länger Maria solche Kindheitsgeschichten erzählte, umso stiller wurde Lukas. Schließlich legte er sein Schreibzeug weg und sagte: „Nein, das kann ich unmöglich in mein Evangelium aufnehmen." Er nannte seine Geschichtensammlung über Jesus Evangelium, das heißt: froh machende Nachricht.

„Das stimmt doch nicht! Das sind doch Märchen!", meinte er zu Maria. Sie lachte: „Du weißt doch, die Leute erfinden immer neue Geschichten und was sie da erfinden, wird immer wunderlicher!"

„Ich muss auswählen", überlegte Lukas. „Ich muss unbedingt auswählen und dabei vieles weglassen, mich in äußerster Knappheit auf das Wesentliche beschränken."

Bei meiner Geschichte vom Stall in Bethlehem hörte Lukas wieder gespannt und aufmerksam zu. Er schrieb nichts mit, sondern stellte nur Fragen. Wie hieß der Landpfleger zur damaligen Zeit? Und: Warum sind Maria und Joseph ausrechnet nach Bethlehem gegangen, um sich dort in die Steuerlisten eintragen zu lassen?

Zum Schluss bat ich Lukas, nichts von mir, von Gerschom, dem Hirten mit der Augenklappe, zu schreiben, falls er meine Geschichte in sein Evangelium aufnehmen sollte. Er versprach es mir vor allen Zeugen in unserer Runde.

Als ich später Lukas' Einleitung zu seinem Evangelium las, war ich zuerst enttäuscht. Sehr eigensinnig hatte er meine Geschichte von der Geburt des Kindes geformt. Doch je öfter ich sie las, desto schön fand ich sie:

„In jenen Tagen aber erließ Kaiser Augustus den Befehl, dass sich der ganze Erdkreis registrieren lassen sollte. Diese Eintragung war die erste und sie geschah, als Quirinius Statthalter in Syrien war.

Alle machten sich in ihre Heimatstadt auf, um sich eintragen zu lassen. Auch Joseph ging aus Nazareth in Galiläa hinauf nach Bethlehem in Judäa, in die Stadt Davids, weil er aus dem Haus und dem Geschlecht Davids war, um sich mit Maria, seiner Verlobten, eintragen zu lassen. Sie war schwanger und als sie dort waren, erfüllte sich die Zeit ihrer Schwangerschaft, sodass sie gebären sollte. Und sie gebar ihren ersten Sohn, wickelte ihn in Windeln und legte ihn in eine Futterkrippe. Denn sie hatten keine Unterkunft.

In jener Gegend gab es auch Hirtinnen und Hirten, die draußen lebten und über ihre Herde in der Nacht wachten. Da trat der Engel des Lebendigen zu ihnen und der Feuerglanz des Lebendigen umhüllte sie. Sie aber fürchteten sich sehr. Der Engel sprach zu ihnen: Fürchtet euch nicht! Denn seht, ich verkündige euch große Freude, die das ganze Volk betreffen wird: Heute ist euch der Gesalbte des Lebendigen, der Retter, geboren worden, hier in der Stadt Davids. Und dies sei das Erkennungszeichen für euch: Ihr werdet ein Neugeborenes finden, in Windeln gewickelt, in einer Futterkrippe.

Plötzlich erschien zusammen mit dem Engel eine große Schar des himmlischen Chores. Sie priesen Gott mit den Worten:

> Glanz in den Höhen bei Gott!
> Und Friede auf der Erde bei den Menschen,
> die Gott wohlgefallen!

Als die Engel im Himmel verschwunden waren, sagten die Hirtinnen und Hirten zueinander: Kommt, gehen wir bis Bethlehem und sehen uns an, was da geschehen ist und was die Lebendige uns hat wissen lassen. Sie eilten davon und fanden Maria und Joseph und das Neugeborene, das in einer Futterkrippe lag. Und als sie es sahen, teilten sie alles mit, was ihnen über dieses Kind gesagt worden war. Und alle, die es hörten, wunderten sich darüber, was die Hirtinnen und Hirten zu ihnen sagten. Maria aber bewahrte alle Worte und erwog sie in ihrem Herzen. Die Hirtinnen und Hirten kehrten zurück, sie rühmten und lobten Gott für alles, was sie gehört und gesehen hatten, genau wie es zu ihnen gesagt worden war" (Lukas 2,1-20).[*]

---

[*] Text nach Bibel in gerechter Sprache.

Entscheidend ist nicht, woher du kommst, sondern wohin du gehst

*E*ine geradezu feierliche Stille herrschte in unserem kleinen Versammlungsraum, wenn Maria erzählte. Sie hatte die Gabe, Erlebnisse mit Jesus so zu schildern, als wäre sie selbst beteiligt. So auch die Begegnung mit der unverschämt bittenden Frau, wie Maria sie nannte.

„Jesus hat sich von ihr umstimmen lassen. Er hat seine Meinung geändert. Die Frau hat seine Einstellung zu den Menschen geweitet. Für mich", fuhr Maria mit leiser Stimme fort, „ist das neben der Geschichte von dem römischen Hauptmann die wichtigste Geschichte."

Mir gefiel der Ausdruck „geweitet", er bedeutete für mich so viel wie geheilt. Jesus hat den Riss, der durch die Menschen ging, geheilt.

Doch jetzt will ich Maria selbst zu Wort kommen lassen. Sie hat die Begegnung zwischen Jesus und der Frau so erzählt, als sei sie selbst die unverschämt Bittende gewesen:

„Mir kann doch niemand helfen." Da war sie wieder, diese Stimme. Lautstark, unüberhörbar, aufdringlich durch ständige Wiederholung.

Ich schaute ihm, den alle Jesus nannten, nach, wie er, ohne sich von mir aufhalten zu lassen, weiterging, so, als wäre ich Luft.

Dir kann doch keiner helfen, rief die innere Stimme. Ich merkte sofort die Veränderung von „mir" nach „dir" und sah die vielen Menschen vor mir, wie sie, gut meinend die einen, ermahnend die anderen und beschwörend-beschwichtigend die dritten, auf mich einredeten: Dir kann doch keiner helfen!

Nein!, dachte ich mir, nein, und beschleunigte meine Schritte. Als ich sah, dass der Abstand schon recht groß geworden war, erhöhte ich meine Lautstärke und begann zu schreien: „Eleison me, kyrie hyos david", das bedeutet: „Erbarme dich meiner, Herr, Sohn Davids."

Ja, ich redete ihn so an, wie ich es von anderen gehört hatte. In ihm, so hatten sie mir gesagt, in ihm schlägt Gottes Herz, so wie damals in König David. Wenn Gottes Herz in dir schlägt, dann schlägt es auch für mich, habe ich mir daraufhin gesagt und mich aufgemacht, ihm zu begegnen.

Es war mir vollkommen bewusst, dass ich für ihn von weither kam, obwohl ich aus der Gegend stammte, dass ich sozusagen draußen vor der Tür stand. Eine Ungläubige, eine Heidin. Doch, sagte ich mir, auch wenn ich keinen Anspruch auf deine Hilfe habe, nicht zu deinem Volk gehöre, spreche ich dich an. Spreche ich dich auf deine Barmherzigkeit an. „Hab Erbarmen mit mir!", schrie ich aus Leibeskräften und wiederholte meine Bitte immer wieder. „Es geht um meine geisteskranke Tochter", fügte ich jedes Mal hinzu.

Ich habe es gelernt, offen von meiner Not zu reden, mich dazu zu bekennen. Die Krankheit meiner Tochter ist meine Not. Verschweigen der Not heißt, mich vor Hilfe zu verschließen. Schweigen war lange Zeit meine Antwort auf die Stimme: Dir kann ja doch keiner helfen. Jahrelang habe ich ihr geglaubt und mich mit meiner kranken Tochter versteckt.

Ich weiß nicht, wie oft ich ihm damals nachgeschrien habe. Ich beobachtete nur, wie sich seine Freunde ärgerlich nach mir umdrehten. Eine mir wohl vertraute Reaktion. Du wirst in deiner Not für andere interessant. Sie trösten sich über ihr eigenes

Schicksal hinweg, indem sie auf dich und deine Not starren. Oder du bist ihnen lästig, störst ihre Ruhe, ihren Alltag.

Bitter und lähmend ist die Begegnung mit Menschen, die behaupten, sie seien mit betroffen, und die dich doch allein lassen.

Nein, sagte ich mir ein zweites Mal. Euch tue ich nicht den Gefallen, mich unauffällig zu verhalten, mich zu beruhigen. Ich rannte und schrie ihm weiter nach: „Kyrie eleison!"

Bis er stehen blieb. Das heißt, ich sah, wie sie ihn am Ärmel zogen, auf ihn einredeten und dabei nach hinten, zu mir, zeigten.

Mein Schreien hat einen Halt bewirkt, dachte ich schrie und rannte auf ihn zu. Ich war jetzt so nahe, dass ich seine Antwort mitbekam: „Ich bin nur gesandt zu den verlorenen Schafen des Hauses Israel."

Da kroch sie wieder hoch, die Angst. Diesmal mit dem Satz: Siehst du, was du schon immer gewusst hast, stimmt: Du gehörst nirgendwo richtig dazu. Du bist ein Fremdkörper. Allein. Fremd und allein unter vielen Menschen. Innerlich ganz allein. Deine Nähe erträgt niemand.

Nein!, antwortete ich der Angststimme ein drittes Mal. Nein, das haben sie dir eingeredet. Das ist nicht die Stimme des barmherzigen Gottes. Er grenzt niemanden aus. Es gibt für mich einen Platz, einen Lebensraum: Gottes Barmherzigkeit. Wenn es stimmt, was ich gehört habe, wenn es stimmt, dass Gott alle Menschen ins Leben gerufen hat, dann auch mich. Dann habe ich auch ein Recht, für mich zu hoffen und meinen Platz in Gottes Nähe zu finden. Meine Herkunft habe ich mir nicht ausgesucht. Sie kann und darf nicht entscheidend sein, wenn es um Hilfe, um Gottes Hilfe geht.

Nein! Ich lasse mich nicht abwimmeln, nicht in die Ecke der Selbstbescheidung abdrängen. Ich tappe nicht mehr in die Rückzugsfalle schmollenden Selbstmitleids.

Mutig ging ich, gegen die Regeln des Anstands, auf offener Straße auf ihn zu, kniete vor ihm nieder und sagte: „Herr, hilf mir!"

Anstandsregeln, das weiß ich heute, sind Abstandsregeln. Sie halten dich ab, halten dich auf Distanz, sodass du niemandem zu nahe kommst, dich niemandem anvertraust. Sie sind, das habe ich durchschaut, oft nur eine Verstärkung der Stimme: Dir kann ja doch keiner helfen. Darum bleib auf Abstand! Vertrau dich keinem Menschen an!

Jetzt nur nicht aufgeben!, sagte ich mir. Jetzt keine weichen Knie bekommen, sondern dran bleiben: Ich brauche Hilfe! Ich brauche deine Hilfe, die Hilfe des barmherzigen Gottes!

Ich glaube, was ich damals erlebt habe, kennt jede Frau, jeder Mann: Wenn die Hilfe ganz nah ist, zieht die Angst ihr letztes, ihr stärkstes Register und sagt: So klein und schwach bist du doch auch wieder nicht. Du brauchst im Grunde niemanden, der dir hilft. Du schaffst das alleine. Hast es ja bisher auch alleine geschafft. Und dann weckt die Angst Misstrauen in dir: Der andere ist doch auch nur ein Mensch mit Fehlern und Schwächen. Wie soll der dir helfen können? Vielleicht will er dich nur ausnutzen! Dich demütigen und in deiner Not herumstochern. Geh weg! Brich die helfende Beziehung ab! Du spürst ja selbst den Schmerz der Demütigung, wenn du bekennst: Ich bin mit meiner Kraft am Ende. Ich brauche Hilfe, deine Hilfe! Sieh doch genau hin! So hilflos bist du doch gar nicht. Du bist doch auch sonst mit allem alleine klargekommen. Warum jetzt nicht mehr?

Das Gefühlsgemisch aus Scham, Trotz und falschem Stolz kann so stark werden, dass du Hals über Kopf wegläufst. Diese Gefahr ist umso größer, je mehr sich deine Vermutung bestätigt und du spürst, dass dein Gegenüber ein Mensch ist wie du, der auch mit Ängsten und Unsicherheiten zu kämpfen hat. Deine

Angst lauert nur darauf, ein falsches Wort, eine verräterische Geste, einen trügerischen Blick aufzuschnappen.

So war das auch damals bei mir. Ich spürte seine Unsicherheit. Er schien verwirrt zu sein, war auf meine Nähe, auf meine unverschämte, ihn bedrängende Nähe nicht gefasst.

Dann seine Antwort: „Es ist nicht recht, dass man den Kindern ihr Brot nehme und werfe es vor die Hunde."

Nein!, sagte ich mir ein viertes Mal. Nein, ich bin nicht bereit, mich ohne Hilfe abfertigen zu lassen. Die Hunde, schoss es mir durch den Kopf, tun das auch nicht. Sie leben von den überflüssigen Brotkrumen. Wenigstens gleiches Recht für Hunde und mich, sagte ich mir und antwortete: „Ja, Herr, aber doch fressen die Hunde von den Brosamen, die vom Tisch ihrer Herren fallen." Ich schaute ihn dabei an und ließ ihn nicht aus den Augen. Er hielt meinem Blick stand und antwortete: „Frau, dein Glaube ist groß. Dir geschehe, wie du willst!" Ich sah, wie sich beim Sprechen sein Gesicht entspannte, die Enge wich.

Er hat seine eigene Grenze überschritten, dachte ich für einen Augenblick. Ein unbeschreibliches Gefühl von Freiheit und Kraft stieg in mir auf. Ich spürte: Es ist alles gut geworden, für meine Tochter, für mich, für ihn, für uns.

Später habe ich mich oft gefragt: Wie hast du es geschafft, nicht in die Wehleidsfalle zu tappen, dich nicht als den Ärmsten aller Hunde anzusehen und im Trotz damit abzufinden, vor die Hunde zu gehen?

Nein, habe ich mir gesagt: Wenn in dir Gottes Herz schlägt, dann wird keiner mehr vor die Hunde gehen, der in deine Nähe kommt und dich um Hilfe bittet.

Ob mein Glaube, wie er sagte, groß war? Ich weiß es nicht. Ich habe mich doch nur daran gehalten, dass es auch für mich und meine Tochter einen Platz, einen Raum zum Leben geben muss. Nein, habe ich gesagt, wenn ich spürte, wie die eigene

Angst diesen Wunsch untergraben wollte. Nein, ich werde keine Ruhe geben, bis ich das Herz Gottes in dir schlagen höre und spüre: Es schlägt auch für mich, die Frau aus Syrophönizien, aus dem Heidenland. Grenzen kann es für Gottes Barmherzigkeit nicht geben. Und wenn Menschen ihre eigenen Grenzen auf Gott übertragen, musst du dich im Namen Gottes dagegen wehren. Denn entscheidend ist vor Gott nicht, woher du kommst, sondern wohin du gehst.

„Versteht ihr, warum mir diese Frau aus Syrophönizien so wichtig geworden ist?", fragte uns Maria zum Schluss.

Ich saß da und war wie benommen. „Entscheidend ist vor Gott nicht, woher du kommst, sondern wohin du gehst." Dieser Satz öffnete mir die Tür zu meiner eigenen Lebensgeschichte. Ich lernte meine Lebensgeschichte mit allem Schweren – von der Zeit, als meine richtigen Eltern mich als Säugling ausgesetzt hatten, bis hin zu all den schmerzlichen Abschieden – zu verstehen und „Ja" zu ihr zu sagen.

Es mag merkwürdig klingen, wenn ich sage: Ich fühle mich nicht mehr ausgesetzt, sondern bin in mir zu Hause angekommen. Das Schmerzhafte in meinem Leben ist damit nicht aus der Erinnerung gelöscht, doch der vergiftete Stachel, das verbitternde Gefühl, Opfer zu sein, ist ihm genommen.

Aus dieser „bejahten Erinnerung" wuchsen mir eine unaussprechliche Heiterkeit und Gelassenheit zu. Ich konnte mein Leben ohne Bitterkeit und Groll so sein lassen, es als mein, mir von Gott zugedachtes Leben verstehen. Der Wunsch, mein eigenes Leben gegen ein anderes eintauschen zu wollen, verblasste. Ich lernte, meinen durch die Augenklappe entstellten Körper zu lieben. Kurz: Ich wurde selbstbewusst und frei.

Was mir, als Maria erzählte, außerdem aufgefallen ist, muss ich doch hier noch kurz erwähnen: Lukas saß da und schrieb kein Wort mit. Er weigerte sich strickt, die Geschichte von der so hartnäckig bittenden Frau in sein Evangelium aufzunehmen. Störte es ihn, dass es ausgerechnet eine heidnische Frau war, die Jesus umgestimmt hat?

Matthäus dagegen, der junge Mann, der erst vor wenigen Tagen zum ersten Mal in unsere Runde kommen war, schrieb und schrieb. Ich hatte den Eindruck, als würde Maria mit ihrer Geschichte auch sein Herz weiten. Lange haben die beiden an jenem Abend noch miteinander gesprochen. Auch ich habe Matthäus gebeten, doch bald wiederzukommen. Ich hatte so viele Fragen an ihn.

Jetzt gilt es, Gottes Macht wirken zu lassen

Unsere Erzählabende hatten wir auf den ersten Tag der Woche gelegt, den Tag der Auferstehung, wie Maria ihn nannte. Am Morgen haben wir das heilige Essen gehalten, wie ein großes Frühstück, zu dem wir auch alle Hungerleider der Umgebung einluden. Abends erzählten wir uns Erlebnisse mit Jesus. Ich staunte. Maria hatte die Gabe – ich sagte es schon –, sich so in andere Personen hineinzuversetzen, dass sie als Frau alles auch aus der Perspektive eines Mannes erzählen konnte. So hat sie zum Beispiel aus der Sicht des römischen Hauptmanns erzählt, wie Jesus seinen Sohn geheilt hat. Mir klingelten beim Zuhören die Ohren. Ich erinnerte mich an meine Zeit bei den Sikariern, als sie mich beauftragt hatten, den römischen Hauptmann zu ermorden. Manchmal schlug mir das Herz bis zum Hals und ich glaubte, Maria würde meine Geschichte erzählen, ich wäre der römische Hauptmann. Doch ich will nicht vorgreifen. Maria soll selbst erzählen:

Ja, ich hatte mich damit abgefunden. Merkwürdig, denke ich gerade, was heißt „sich abfinden"? Das klingt so ähnlich wie „sich abmelden", „sich ablehnen". Was ist das Gegenteil von „sich abfinden"? Sich ansuchen? Nein, das gibt's nicht. Oder doch? Sich ansuchen, also sich trotzdem an das Suchen halten, weitersuchen. Sich nicht mit dem bisher Gefundenen, Erreichten zufriedengeben.

Ich hatte mich damit abgefunden. Da steckt noch ein Rest

Widerstand, Auflehnung, Reibungsenergie drin. Nein, Auflehnung ist zu viel gesagt. Eher eine Wachsamkeit, ein Hoffnungskeim, eine Sehnsucht, dass alles doch auch ganz anders sein könnte. Sich abfinden ist etwas anderes als annehmen oder innerlich zustimmen.

Eigenartig, wie mir das alles jetzt erst in den Sinn kommt, nachdem mein Sohn geheilt ist. Es stimmt, ich hatte mich mit seinem Kranksein abgefunden, es aufgegeben, weitere Ärzte um Rat zu fragen. Doch unter der Asche glühte die Sehnsucht und ich ahnte: Je länger ich mich abfinde, desto dünner wird die Luft, die die Glut nährt.

Aber, wird jetzt manche, mancher fragen, aber woher kommt der Sauerstoff, der die Glut unter der Asche nährt? Lange habe ich über diese Frage nachgedacht und bin im Laufe von vielen Jahren in die Antwort hineingewachsen: Der Sauerstoff der Sehnsucht ist das Leiden, das eigene oder das anderer Menschen, denn es gibt kein fremdes Leiden.

Ich spüre, dass ich nun eine Erklärung für diesen Satz geben muss. Aber ich habe keine allgemeine Erklärung. Ich kann jetzt nur von meiner Erfahrung erzählen, davon, wie mir dieser Satz zur Gewissheit wurde.

Meine Antwort „Leiden ist der Sauerstoff der Sehnsucht" widerspricht der alltäglichen Erfahrung. Leiden verbittert, Leiden macht zynisch und hart. Leiden verschließt zuerst den Mund und dann das Herz.

Auch ich kenne solche Erfahrung, Zeiten, in denen ich nicht mehr klagen und weinen konnte. Solche Zeiten sind schrecklich.

Doch dann habe ich eine für mich sehr wichtige Entdeckung gemacht: Wenn ich um das Zimmer meines kranken Sohnes einen Bogen machte, wenn ich mir die Ohren zuhielt, um seine Schreie, seine Schmerzensschreie, nicht zu hören, immer dann, wenn ich versuchte, mich abzuschotten, die Krankheit meines

Sohnes als etwas Fremdes, als etwas nicht zu uns Gehörendes, als einen Feind zu betrachten, dann wuchs in mir das Gefühl der Ohnmacht. Ich wurde zynisch, aggressiv und zunehmend depressiv.

Jedes Mal aber, wenn ich das Zimmer meines schwer kranken Sohnes betrat, wenn ich ihn vom Rücken auf die Seite drehte, wenn ich ihn wusch oder wenn ich nur bei ihm saß und sein Stöhnen und seine Schmerzensschreie aushielt, veränderte sich meine Stimmung, meine innere Einstellung. Ich spürte die Sehnsucht.

Lange Zeit konnte ich nicht erkennen, worauf sich die Sehnsucht richtete. Sie hatte keinen konkreten Anhaltspunkt. Es gab keine Zeichen der Besserung, an denen sie sich festmachen ließ. Ich spürte nur: Die Nähe zu meinem leidenden Sohn stärkte meine Sehnsucht.

Je deutlicher ich sah, wie die Krankheit meinen Sohn zerstörte und uns alle in den Bann der Zerstörung einbeziehen wollte, umso klarer wurde ein anderer Gedanke: Jede Macht hat eine Gegenmacht. Es muss eine Macht geben, in der das Leiden aufgehoben ist. Ja, „aufgehoben" in der doppelten Bedeutung: die Macht, die das Leiden überwindet, die Krankheit heilt oder wenn das nicht möglich ist, eine Macht, die den Kranken und seine Angehörigen ermächtigt, mit der Krankheit zu leben. Nein, eben nicht sich abfinden, sondern mit der Krankheit in Frieden leben, Heil erfahren.

In diesen Gedanken bin ich, wie gesagt, erst im Laufe der Jahre hineingewachsen.

Mit jeder Woche, in der sich die Krankheit im Körper meines Sohnes weiter ausbreitete und er tagelang vor Schmerzen schrie, wuchs in mir die Sehnsucht, diese Macht zu erleben, sie an meinem Sohn zu erfahren. Denn aus dem Glühen war ein Brennen geworden. Die Sehnsucht brannte umso heftiger, je näher ich mich meinem Sohn fühlte. Heute wundere ich mich, dass sie mich nicht verbrannt hat.

Ich bin sicher, es lag daran, dass er, der Gottesmann aus Nazareth, genau zur richtigen Zeit in unsere Stadt kam. Freunde und Bekannte hatten mir berichtet, dass dieser Jesus Macht hat, Gottesmacht, die stärker ist als Krankheiten.

Meine Sehnsucht horchte auf und drängte mich, den Gottesmann aufzusuchen. Erinnere dich, sagte sie. Du hast doch auch Macht, die Macht deines Wortes, deines Befehls. Was du sagst, wird getan.

Genauso hat der Gottesmann Macht, aber seine Macht ist nicht nur menschliche Wort-Macht, sondern göttliche Wortmächtigkeit. Ich war schon auf dem Sprung, ihm entgegenzugehen, da spürte ich, wie mein Fuß zurückgehalten wurde. Meine innere Ordnungsmacht meldete sich zu Wort. Ich weiß nicht, ob ihr mich versteht, wenn ich sage: innere Ordnungsmacht. Schuster bleib bei deinem Leisten, sagte sie. Hauptmann, bleib Hauptmann! Halt deine Grenzen ein! Bleib im Rahmen! Lehn dich nicht zu weit aus dem Fenster! Setz dich nicht schutzlos aus!

Du bist Befehlshaber, nicht Bittsteller. Du bist ein Angehöriger der Besatzungsmacht, ein Überlegener. Pass auf, dass du nicht aus der Rolle fällst! Hör auf deinen kritischen Verstand und lass dich nicht von deinen Gefühlen zu etwas Unüberlegtem hinreißen!

Oh, so ein innerer Kampf tobt in dir innerhalb von wenigen Sekunden. Ich blieb einen Augenblick in der Tür stehen, atmete tief durch und hörte meinen Sohn stöhnen. Da ging ich los.

Ich traf ihn, den Gottesmann, am Stadttor und trug ihm in kurzer, knapper Soldatensprache mein Anliegen vor: Herr, mein Kind liegt zu Hause und ist gelähmt und leidet große Qualen.

Es war für mich selbstverständlich, ihn mit „Herr" anzureden. Hatte er doch die größere Macht.

Er verstand mich sofort und antwortete: Ich will kommen und ihn gesund machen. Das wäre, schoss es mir durch den Kopf, zu viel der Mühe, ein zu großer Umstand. Außerdem wusste ich, er würde große Probleme bekommen, wenn er das Haus eines Ungläubigen beträte. Ich antwortete darum: Herr, ich bin nicht wert, dass du unter mein Dach gehst, sondern sprich nur ein Wort, so wird mein Kind gesund.

Kurz und knapp habe ich ihm dann noch erklärt, was ich unter Wortmacht verstehe: Wenn ich zu einem sage „Geh hin!", so geht er. Einen Augenblick bin ich erschrocken. Er ließ mich stehen und redete zu den anderen, so als ginge es um sie, nicht um mich.

„Amen", rief er, „ich sage euch: Solchen Glauben habe ich in Israel bei keinem gefunden!"

Ich erschrak: Glauben, dachte ich. Ich habe von vielen Glaubensbekenntnissen gehört. Aber ich kann keins auswendig. Nein, wollte ich sagen, ich bin, wie du weißt, ein Heide, ein Römer.

Doch da sah ich, wie er mit beiden Armen weit ausholte, und hörte ihn wie aus weiter Ferne rufen: „Viele werden kommen von Osten und von Westen, um am Tisch im Reiche Gottes zu sitzen."

Ich kam erst wieder richtig zu mir, als er sich wiederum mir zuwandte und sagte: „Geh hin, dir geschehe, wie du geglaubt hast." Jetzt, sagte ich mir, jetzt gilt es, die Gottesmacht wirken zu lassen.

Nein, ich habe mich nicht gewundert, als mein Sohn an der Haustüre stand, um mich zu begrüßen, wie damals als kleiner Junge.

Viele haben mich später gefragt: „Wie hast du das gemacht mit dem Glauben?" Ich antwortete: „Jede, jeder geht ihren, seinen Weg des Glaubens. Lass dich von deiner Sehnsucht leiten und vertraue darauf: Es gibt eine Macht, die größer ist als alle menschliche Macht oder Ohnmacht. Glauben heißt für mich: Gott in meinem Leben wirken lassen."

Ein Letztes möchte ich sagen, was ich kurz darauf von dem Gottesmann gelernt habe, als er am Kreuz hing: Der Glaube, ja, gerade auch dein eigener Glaube, ist nicht immer gleich. Manchmal schaffst du es mit dem Glauben nicht weiter als bis zur Klage, bis zu dem Schrei: Mein Gott, mein Gott, warum hast du mich verlassen?

Am eigenen Leib habe ich später erfahren: Es gibt ein Heilwerden, ohne gesund zu werden. Auch damals hat Jesus nicht alle Kranken geheilt. Nicht jeden, der ihn wirken lässt, erfährt körperliche Heilung. Aber alle erfahren Heil. Ja, es stimmt, was mein Sohn berichtet: Ich habe einmal in der Woche alle zum Essen eingeladen. Kranke und Gesunde, Reiche und Arme, Juden und Römer. Und jedes Mal hatte ich – verstehe, wer es kann – das Gefühl, er, der Gottesmann Jesus, säße mit am Tisch.

Lange blieb es still in unserem kleinen Versammlungsraum. Alle waren tief ins Nachdenken versunken. Doch mich drängte es, mich herzlich bei Maria zu bedanken: „Du weißt gar nicht, wie du mir geholfen hast." Ich sah die anderen fragend an: „Ist es euch nicht auch so ergangen? Ich hatte das Gefühl, Jesus selbst säße mitten unter uns. Danke!"

Lukas und Matthäus nickten mir heftig zu. Beide hatten zu meiner Verwunderung fleißig mitgeschrieben. Ja, Matthäus hatte uns anvertraut, dass auch er dabei sei, alles zu sammeln, was er über Jesus in Erfahrung bringen konnte. Besonders war er an den Worten und Reden von Jesus interessiert. Nebenher forschte er in den heiligen Schriften und machte dabei immer wieder neue Entdeckungen. Er war erstaunt, wie viele Hinweise es auf den Erlöser in den Schriften der Propheten gab.

Mir klingelten die Ohren. „Ich kenne mich in den Heiligen Schriften gut aus. Ich könnte dir helfen", sagte ich spontan. Matthäus war sehr erstaunt. „Wie kommt das?", fragte er mich. Da erzählte ich ihm von meiner Zeit bei den Söhnen des Lichts in Qumran und meiner Zeit bei Johannes dem Täufer. Als ich diesen Namen nannte, schaute mich Matthäus lange an und sagte: „Ich wäre dir sehr dankbar, wenn du mich in unserer Gemeinde im Norden besuchen würdest. Ich möchte alles wissen, was du mit Johannes erlebt hast. Er war ein großer Prophet, der letzte große Prophet."

Matthäus hat mir dann noch genau den Weg beschrieben, wie ich ihn und seine Gemeinde im Norden, im Raum Syrien finden könnte. „Ich würde mich sehr freuen, wenn du uns bald besuchst", sagte er beim Abschied nochmals zu mir.

Lange habe ich hin und her überlegt und mich dann entschlossen, für einige Zeit zu Matthäus zu ziehen und mit ihm in den Heiligen Schrift zu forschen. Doch ich wollte unbedingt noch die Fortsetzungsgeschichte von Maria hören. Sie hatte uns angekündigt, dass sie beim nächsten Mal die Geschichte vom römischen Hauptmann aus der Sicht seines Sohnes erzählen würde.

Als Maria dann in der folgenden Woche ihre Geschichte erzählte, war mir so, als stünde Aquilla vor mir.

Es gibt eine Macht, die heilt, wenn alle menschlichen Möglichkeiten erschöpft sind

Ja, ich stand als Kind oft stundenlang an der Haustüre und habe auf meinen Vater gewartet. Meistens habe ich die Wartezeit mit kleinen Geschicklichkeitsübungen verbracht: mit Steinen Holzklötze umgeworfen, auf einem Bein ums Haus gehüpft, mir eine Steinschleuder gebastelt und Schießübungen gemacht. Oft saß ich auch nur auf der Bank, schaute den Wolken nach und dachte mir Geschichten aus.

Manchmal kam es vor, dass mein Vater plötzlich vor mir stand und ich ihn vor lauter Fantasiebildern gar nicht hatte kommen sehen. Als Hauptmann der römischen Armee war mein Vater oft tagelang weg, auf Manöver oder wenn in den Bergen Partisanen gesucht wurden.

Als ich zehn Jahre alt war, bin ich auch nachts öfter aufgestanden und habe auf meinen Vater gewartet. Nachdem Onkel Antonius eines Tages tot vor seinem Haus aufgefunden worden war, hatte Mutter große Angst, die Partisanen würden auch Vater ermorden.

Wenn Mutter mit mir allein zu Hause war, lief sie abends mehrere Male nach draußen und schaute vor die Tür. Sie zitterte am ganzen Körper, wenn sie wieder ins Haus kam. Sollten sie ihn nachts bringen, werde ich seine Mörder aus der Dunkelheit heraus überfallen, sagte ich mir und hatte dazu einige Speere, ein Schwert und andere Waffen hinterm Haus gut versteckt.

Nein, ich verstand nicht, warum wir als Römer das Land Israel besetzt und erobert hatten. Ich spürte nur jeden Tag, dass wir Römer verhasst waren. Mutter litt am meisten unter der Isolation. Darum traf sie sich, so oft sie konnte, mit anderen Soldatenfrauen. Aber die Wege waren weit.

Als ich dann mit 16 Jahren schwer krank wurde und bald darauf gar nicht mehr aufstehen konnte, blieb Mutter meistens zu Hause. Auch Vater richtete seinen Dienst so ein, dass er nicht mehr so oft ins Manöver ziehen musste und mehr zu Hause sein konnte.

Wie viele Ärzte hat Vater konsultiert! Nach den ersten drei Sätzen wusste ich genau, wer wirklich um meine Heilung bemüht war und wer nur auf das Vermögen meines Vaters schielte. Aber ich will nicht ungerecht sein. Die allermeisten Ärzte gaben sich größte Mühe. Doch nach gründlicher Untersuchung schüttelten fast alle den Kopf. Meine Krankheit stand in keinem ihrer Lehrbücher. Einige verordneten mir Bäder, andere ließen meine lahmen Beine ständig mit den verschiedensten Salben einreiben. Nichts half!

In ihrer Not riefen meine Eltern die Heiler und Gesundbeter. Die murmelten stundenlange Gebete, schmierten meine Beine mit frischem Schafsmist ein oder bestrichen sie beschwörend mit Adlerfedern. Erreicht haben sie alle nichts und meinem Vater sind nur die hohen Rechnungen geblieben.

Bis mein Vater eines Tages sagte: Schluss aus, Johannes ist krank und damit müssen wir uns abfinden. Gott sei Dank, dachte ich, jetzt habe ich wenigstens meine Ruhe. Ich spürte genau, dass mir nicht zu helfen war.

Vielleicht kennst du das auch aus eigener Erfahrung: Wenn du krank bist, hörst du mehr, wirst du hellhöriger, empfindsamer. Du hörst die Zwischentöne, du hörst das Ungesagte, das Gedachte hinter den Worten. Zuerst glaubte ich, es läge an den hellhörigen Wänden. Doch je länger ich da lag, umso mehr wurde mir bewusst: Die Krankheit hat mir die Ohren geöffnet. Ich lernte, aus dem morgendlichen Vogelgezwitscher die einzelnen Vogelstimmen zu unterscheiden. Ich hörte an der Art, wie sie „Guten Morgen" sagte, wie meine Mutter geschlafen hatte. Wenn mein Vater nach Hause kam und mich fragte „Na Junge, wie war dein Tag?", dann hörte ich am Tonfall seiner Stimme, wie es ihm in seinem Dienst ergangen war.

Die Zeit, in der ich in tiefe Traurigkeit versank, mir beide Ohren zuhielt, wenn das Lachen der Kinder beim Spielen von draußen ins Zimmer schwappte, die Zeit, als ich mit keinem noch so guten Essen, das Mutter mir kochte, zufrieden war, diese Zeit will ich hier überspringen. Doch bevor ich auf den Tag meiner Heilung zu sprechen komme, möchte ich von meinen Besuchern erzählen: Nachdem Vater keine Ärzte mehr ins Haus ließ, wurde es für einige Wochen sehr still. Doch dann – ich glaube heute, es war Mutters Initiative – kamen die ersten Besucherinnen und Besucher.

Merkwürdig, ich weiß nicht, ob du das auch schon erlebt hast? Menschen, die sonst ganz normal mit mir gesprochen haben, hatten auf einmal eine belegte Stimme. Andere sprachen mit Bedacht leise und verhalten. Fragen, die mich bewegten, blieben unausgesprochen. Ich spürte: Sie sind unsicher, haben Angst, etwas Falsches zu sagen oder mich durch eine Frage zu verletzen. Die meisten halten meinem Blick nur wenige Sekunden stand, dann weichen ihre Augen aus.

Ich erkannte bald, dass ich ihnen helfen musste, mich, den Kranken, zu verstehen, mich zu besuchen. Doch wenn sie sich dann von mir verabschiedet hatten und noch mit meiner Mutter in der Küche standen, dann schnappte ich oft Wortfetzen auf wie: Ob es nicht doch daher kommt, dass Johannes als junger Bursche so gerne ins Weinglas geschaut hat? Vielleicht habt ihr ihm zu viel Freiheit gelassen? Ob die Ärzte ihn nicht doch von Anfang an falsch behandelt haben?

Oh ja, ich sagte es schon. Ich höre zu gut. Diese Sprüche der Gesunden, diese neunmal klugen Besserwisser, die sich so gut auskennen in den Krankengeschichten anderer. In den ersten Monaten meiner Krankheit musste ich alle Kraft aufbringen, damit sich die aufgeschnappten Wortfetzen nicht mit den inneren Anklägern verbündeten. Doch heute glaube ich, dass die Gesunden mit solchen Sprüchen ihre Angst davor überreden, selbst von der Krankheit befallen zu werden.

Ja, so wurde ich, es mag widersprüchlich klingen, trotz der zunehmenden Besucher immer einsamer.

Gott sei Dank, gab es, selten genug, auch ganz andere Besucherinnen und Besucher: die alte Gemüsefrau zum Beispiel. Sie hatte ihren Garten etwa 50 Meter von unserem Haus entfernt. Jeden ersten Tag der Woche brachte sie meiner Mutter frisches Gemüse und Obst, aus dem eigenen Garten, versteht sich.

Für mich hatte sie jedes Mal eine kleine Überraschung dabei: einmal einen besonders schön gestreiften Granatapfel, ein anderes Mal eine Handvoll großer, reifer Nüsse oder auch nur die ersten Anemonen nach dem Winter. Sie klopfte an die Türe, begrüßte mich herzlich, zog sich den Hocker heran und setzte sich. Nein, sie redete nicht viel. Doch ihr Schweigen war mir nie unangenehm. Mir war so, als wäre ihr Schweigen wie eine Einladung, die vielen Gedanken, die in meinem Kopf kreisten, sich setzen zu lassen. Ja, genauso. Und dann, dann hörte sie mir einfach zu, schenkte mir Zeit, ihre Zeit. Jedes Mal, wenn sie sich verabschiedete, glaubte ich, so irrsinnig das klingen mag, ein bisschen gesund geworden zu sein.

Genauso oder besser gesagt, ganz ähnlich erging es mir nach dem Besuch von Kindern aus der Nachbarschaft. Sie platzten manchmal unangemeldet in mein Krankenzimmer herein, lachten und erzählten von ihren Streichen. Sie erzählten so natürlich und lebendig, dass ich glaubte, einer von ihnen zu sein.

Am meisten freute ich mich, wenn der alte Benaja vorbeikam. Er kam in der Regel erst am späten Abend. Ich kannte den Hirten seit Kindertagen. Benaja sprach nichts, zog nur seine Flöte hervor und spielte mir seine neuen Kompositionen vor. Sie begannen alle sehr leise, langsam, schwermütig und wurden von Minute zu Minute fröhlicher, heiterer, beschwingter. Manchmal dachte ich: Er hat den Grundstein für meine Heilung gelegt.

Ach ja, damit wäre ich bei dem, was dich vermutlich am meisten interessiert, bei meiner Heilung. Aber, frage ich dich und mich heute: Stimmt das denn, dass Gesundheit das wichtigste, das höchste Gut ist?

Nein, nein, versteh mich bitte nicht falsch. Ich bin weit davon entfernt, Kranksein schönzureden. Kranksein ist etwas Grässliches und Schmerzen können einen Menschen zermürben. Auch bei mir wuchsen die Schmerzen. Sie traten oft in solcher Heftigkeit auf, dass sie alle Gedanken buchstäblich aushöhlten, bis nur noch sie, die Schmerzen, übrigblieben.

An solch einem Tag, ich stöhnte vor Schmerzen, saß mein Vater bei mir. Plötzlich, ich weiß es noch wie heute, stand er auf und sagte: Ich habe es mir lange überlegt: Ich werde zu ihm gehen. Er wird dich heilen. Ich hatte keine Ahnung, zu wem er gehen wollte, und bevor ich ihn fragen konnte, war er fort.

So entschlossen, so festen Schritts hatte ich meinen Vater schon lange nicht mehr erlebt. Und merkwürdig, ich stellte mir vor, ich stünde, wenn er zurückkommen würde, wie damals als Kind vor der Tür.

Von Spontanheilung haben einige Ärzte gesprochen. „Befreiung von hysterischer Lähmung", hat einer wichtigtuerisch behauptet. Ich verstand ihre Sprache nicht. Ich erinnere mich nur noch, wie ich wenige Minuten bevor mein Vater zurückkam, aufgestanden bin und mich vor die Haustür gestellt habe. Als er kam, winkte ich ihm wie damals als Kind zu und er, er winkte zurück. Er schien kein bisschen überrascht zu sein, dass ich gesund dastand.

„Dir geschehe, wie du geglaubt hast", hat der Rabbi, Jesus nannten sie ihn, gesagt, schloss Vater seinen Bericht von der Begegnung mit Jesus.

„Dir geschehe, wie du geglaubt hast", dieser Satz grub sich in mein Herz und ließ ein tiefes Vertrauen in mir wachsen. Heute weiß ich: Es gibt eine Macht, die heilt, wenn alle menschlichen Möglichkeiten erschöpft sind. Ich habe sie erfahren. Mein Vater hat ihr vertraut und sein Vertrauen hat mich geheilt.

Gleichzeitig aber mit dem Vertrauen wuchsen die Fragen: Vater hat doch nichts anderes getan, als alles von dem Gottesmann Jesus zu erwarten. Heißt das Glauben? Hat auch mein Glaube diese heilende Kraft für andere? Für wen? Ich spürte, mit diesem Glauben stand ich erst am Anfang.

Seit meiner Heilung lud mein Vater, zur großen Verwunderung von Mutter und mir, Menschen verschiedenster Art zu uns ein. Römer und Juden, Bettler und Reiche, Alleinstehende und Verheiratete, Kranke und Gesunde. Auf die erstaunten Fragen der Gäste antwortete mein Vater: „Als ich vor Jesus stand, hat er mir und allen, die um ihn versammelt waren, zugerufen: Viele Menschen aus Ost und West, vom Süden und vom Norden werden Gottes Gäste sein."

Kaum hatte Maria ihren letzten Satz beendet, stand Matthäus auf, ging auf sie zu und nahm sie in die Arme: „Das ist es genau, ja, genau das", rief Matthäus uns allen zu. „Das ist sein Geheimnis: Er bringt allen Menschen den Segen Gottes. Jesus verkörpert den Segensstrom Gottes, wie er in den Heiligen Schriften beschrieben wird."

Ich verstand Matthäus nicht, war aber fest entschlossen, mit ihm zu gehen und längere Zeit bei ihm zu bleiben. Der Gedanke, von Magdala wegzuziehen, hatte mich schon einige Monate beschäftigt. Das Leben war für uns, die wir uns Leute des neuen Weges nannten und auf Jesus von Nazareth beriefen, immer beschwerlicher geworden. Der Streit mit den Nachbarn und vor allem mit den Vorstehern der Synagoge wurde von Woche zu Woche heftiger. Sie warfen uns vor, vom rechten Glauben abgefallen zu sein. Ja, einige begannen, uns zu verfolgen.

Matthäus hatte sich darum mit seinen Freunden schon vor einigen Jahren aus Galiläa in den hohen Norden zurückgezogen, wo es keine Synagogen gab.

Ich versuchte Maria zu überreden, mit mir zu Matthäus zu ziehen. Doch sie weigerte sich. „Ich bleibe hier bei meinen Kindern", sagte sie. Ja, Maria hatte in ihrem Haus sieben elternlose Kinder aufgenommen, vier Mädchen und drei Jungen. Beim Abschied an der Tür hat mich Maria beiseite genommen und gesagt: „Dir habe ich es noch nicht erzählt: Ich hatte sieben Geschwister. Alle waren jünger als ich. Eine schreckliche Krankheit mit hohem Fieber hat eins nach dem anderen dahingerafft. Ich allein habe sie alle überlebt. Verstehst du, ich kann sie jetzt nicht alleine lassen. Ich bin jetzt für sie die ältere Schwester, die für sie sorgt und darauf achtet, dass sie nicht krank werden." Lange hat mich Maria in den Arm genommen und bitterlich geweint.

Jiska, Andreas und Philippus sind mit mir gekommen. „Dort oben im Norden sind wir vor den Verfolgern sicher", hatte ich ihnen gesagt. Lemuel ist bei Maria geblieben. Ich spürte, er hatte sich wie ich in Maria verliebt. Mir wurde immer deutlicher: Ich muss mich entscheiden zwischen einem Leben mit Maria oder allein, irgendwo in den Bergen, in der Einsamkeit, wie Perez.

Merkwürdig, in der Tür, beim Abschied, kam mir Susanna in den Sinn. Ob ich mich einmal nach ihr erkundigen soll?

Der Aufenthalt bei Matthäus würde für mich – dessen war ich mir sicher – die letzte Probe sein, wohin Gott mich führt.

Wir leben unter dem Angesicht Gottes

Die ersten Wochen in der unbekannten Umgebung oben im Norden waren schwer für mich. Ich sehnte mich oft nach Maria und dem See Genezareth. Doch die Gespräche mit Matthäus, das gemeinsame Forschen in den heiligen Schriften taten mir gut und halfen mir über den Trennungsschmerz hinweg.

Jeden ersten Tag der Woche ging Matthäus weiterhin von unserem Wohnsitz an den Hängen des Hermongebirges nach Magdala ins Haus von Maria. „Sie hat alles in ihrem Gedächtnis gespeichert", sagte Matthäus, wenn er zurückkam, und setzte sich sofort hin, um das, was Maria erzählt hatte, in sein Evangelium zu übertragen.

Nein, ich ging nicht mit ihm nach Magdala, der Schmerz war zu groß für mich. Ich blieb in meiner neuen Wohnung bei Matthäus und machte von dort aus lange Wanderungen in die Berge, ja, immer auch auf der Suche nach einem Ort, einem Ruheort, einem Zuhause für mich.

Wenn ich mich recht erinnere, war es am ersten Tag des fünften Monats. Matthäus kam begeistert von Magdala zurück und begann zu schreiben. Ich setzte mich zu ihm, wartete, bis er mit Schreiben fertig war, und fragte ihn: „Sag mal, was bedeutet dir dieser Jesus? Ich meine, du hast oft von dem Geheimnis um Jesus gesprochen. Was ist sein Geheimnis?"

„Ich bin sehr müde!", antwortet Matthäus. „Kannst du bis morgen warten? Heute Abend schaffe ich es nicht mehr, deine Frage zu beantworten. Du könntest dich aber auf meine Antwort vorbereiten, indem du die ersten beiden Kapitel der Thora liest. Du findest die Schriftrollen mit dem ersten Buch Mose im Schrank, im untersten Regal, ganz rechts."

Ich weiß nicht mehr, wie oft ich an jenem Abend die ersten beiden Kapitel des ersten Buches Mose durchgelesen habe. Doch ohne die geringste Ahnung, was die Schöpfungsgeschichte mit Jesus von Nazareth zu tun haben könnte.

Am nächsten Morgen, als Matthäus zum Frühstück erschien, trug er Wanderschuhen und sein Rucksack stand schon bereit. „Verzeihung", sagte er, „ich hatte vergessen, dir gestern Abend zu sagen, dass ich dich zu einer längeren Wanderung ins Gebirge einladen wollte. Gedanken entfalten sich beim Gehen." Ich war ein wenig enttäuscht und verwirrt. Ich hatte angenommen, dass wir über die Heiligen Schriften gebeugt diskutieren würden. „Meine wichtigsten Erkenntnisse sind mir unterwegs gekommen. Auch die vom Segenshandeln Gottes in Jesus von Nazareth", rief Matthäus mir zu.

Segenshandeln Gottes in Jesus von Nazareth? Das war für mich ein Ausdruck mit sieben Siegeln. Matthäus spürte meine Verwirrung und lud mich zuerst einmal ein, kräftig zu frühstücken, mir für die Wanderung etwas zum Essen und zum Trinken einzupacken und meine Wanderschuhe anzuziehen. „Regen", sagte er mit dem Blick zum Himmel, „brauchen wir heute nicht zu befürchten."

Lange gingen wir beide dann schweigend nebeneinander her. Der Weg stieg leicht an und führte uns immer wieder zu Aussichtspunkten mit weitem Blick über das Gebirge Hermon auf der einen und bis zum Meer auf der anderen Seite.

Ich hielt das Schweigen nicht länger aus. „Immer wieder habe ich gestern Abend die Schöpfungsgeschichte durchgelesen, konnte jedoch beim besten Willen keinen Bogen spannen zu dem Leben des Jesus von Nazareth", sagte ich enttäuscht. Doch

Matthäus ging auf das, was ich gesagt hatte, gar nicht ein. „Hier", sagte er und zeigte auf eine Felsnische in der steilen Wand. „Hier habe ich gesessen, als mir die Erkenntnis kam. Siehst du sie, die kleinen Blumen zwischen den Steinen? Sie blühen hier oben auf diesem kargen Boden. Nur diese paar Tage im Frühling kannst du sie blühen sehen. Lange saß ich vor fast genau sieben Jahren hier oben, habe meinen Blick schweifen lassen in alle Richtungen, mein Gesicht dem Wind und der Sonne ausgesetzt und die Augen geschlossen.

Wind, Berg, Blume, Baum, Weinstock ..., alles, was du riechen, schmecken, sehen, hören, fühlen kannst und dein Herz weitet, wurde bei Jesus zum Sinnbild für Gottes segnende Gegenwart. Wie in der Schöpfung. Ist dir", fragte mich Matthäus, „ist dir aufgefallen, dass es in der Schöpfungsgeschichte aus dem Buch unseres großen Propheten Moses keine Trennung zwischen heilig und unheilig gibt? Es fehlt sozusagen ein religiöser Bereich. Alles steht zu Gott in einer unmittelbaren Beziehung. Das Wirken Gottes wird mit dem Wachsen, dem Reifen, dem Welken und Vergehen in Beziehung gebracht. Der Schreiber der Schöpfungsgeschichte hat alle Vorstellungen, Gedanken, Bilder, Erzählungen, die er in den Bibliotheken seiner Zeit über die Entstehung der Welt finden konnte, gesammelt und sie in sein Bekenntnis von Gott als dem Schöpfer von Himmel und Erde mit eingebunden. Der Glaube an Gott trennt die Menschen nicht voneinander, sondern verbindet sie zu Geschöpfen Gottes auf Augenhöhe."

Matthäus blieb mitten auf dem Weg stehen und wandte sich dann nach Westen. Ganz hinten am Horizont war ein schmaler, blauer Streifen zu sehen: das Mittelmeer. Wir beide standen da und staunten über die Schönheit der Landschaft, der Bäume, der Blumen. „Gott ist ein Gott der offenen Weite. Daran hat Jesus uns neu erinnert, das hat er uns vorgelebt", sagte Matthäus leise.

Gott der offenen Weite! Dieser Name Gottes hat mich sehr nachdenklich gemacht und sich tief in mir eingeprägt. Matthäus spürte meine Betroffenheit und ließ mir Zeit.

„Ich hatte vergessen, dich auch zu bitten, die Noaherzählung mitzulesen", sagte Matthäus, als wir uns wieder auf den Weg gemacht hatten.

„Du meinst den Bundesschluss Gottes mit Noah? ‚Solange die Erde steht, soll nicht aufhören Saat und Ernte, Frost und Hitze, Sommer und Winter, Tag und Nacht!'", fragte ich. Matthäus nickte. „Du wirst aus deinem Studium der Heiligen Schriften wissen, dass es zwei große Erzählströme gibt von Gottes liebender Zuwendung zu uns Menschen, zu seiner Welt. Der eine Strom enthält die Erinnerung an Gottes Heilstaten, an Gottes rettendes Eingreifen zum Wohle der Menschen wach. Dazu gehören zum Beispiel die Berichte über die Rettung unseres Volkes am Schilfmeer, die Einsetzung der Zehn Gebote am Sinai und die Berichte über die Landnahme unter Josua.

Der andere Erzählstrom erinnert daran, dass Gott segnend seiner Welt begegnet und als ihr Schöpfer und Erhalter in ihr gegenwärtig ist. Zu diesem Strom gehören zum Beispiel die Schöpfungsgeschichte und viele Psalmenlieder.

Im Aufgehen der Sonne, im Regen, im Blühen, im Rhythmus von Tag und Nacht, von Sommer und Winter, von Blühen und Reifen ist Gott gegenwärtig. Der seine Schöpfung segnende Gott ist der gegenwärtige.

Ich habe mein Evangelium darum mit dem Satz beendet: ‚Christus spricht: Siehe, ich bin bei euch alle Tage bis an der Welt Ende.' Verstehst du, in Jesus ist der segnende Gott bleibend unter uns."

Matthäus zeigte auf eine Steinbank am Wegesrand und wir setzten uns. Ich war ein wenig verwirrt und rieb mir den Kopf. Nein, von den beiden Erzählströmen der Liebe Gottes hatte ich noch nie gehört. Doch je länger ich darüber nachdachte, desto einleuchtender erschien mir die Unterscheidung. Matthäus schien zu ahnen, worüber ich nachdachte, und ergänzte: „Rettungshandeln und Segenshandeln können nicht auf einen Begriff gebracht werden. Das ist schon allein darum nicht möglich, weil Rettungshandeln anders erfahren wird als Segenshandeln. Das rettende Handeln Gottes wird als Ereignis erlebt, als ein unerwartetes Eingreifen Gottes. Sein Segenshandeln ist jedoch ein stetiges Handeln. Es kann so wenig in einem Ereignis erfahren werden wie das Wachsen und Reifen. Doch jetzt komm", rief Matthäus, „lass uns weitergehen! Das Gesagte wandert beim Gehen in unser Herz. Doch halt! Nach so vielen Worten jetzt erst einmal was zum Kauen, Nahrung für den Leib."

So saßen wir schweigend nebeneinander, aßen und tranken, was wir uns mitgenommen hatten. Auch als wir unseren Weg fortsetzten, sprachen wir lange nicht miteinander. Doch in mir arbeitete es. „Was du sagst", begann ich schließlich unser Gespräch wieder, „ist für mich in vielem so neu, dass ich Zeit brauche, um hineinzuwachsen."

Matthäus blieb stehen, schaute mich an und antwortete: „Das genau ist es! Ein Hineinwachsen ins Vertrauen, dass Gott uns, seinen Kindern, nahe ist, uns erhört und beisteht. Gesegnet sein heißt, mit schöpferischer Lebenskraft beschenkt und zum Leben ermächtigt zu sein. Dazu hat Jesus uns jeden Tag ermutigt. Er hat den Segensstrom Gottes unter uns in Fluss gehalten. Erinnere dich nur an Marias Satz: Jeder Tag in seiner Nähe war heilsame Zeit." Ich nickte zustimmend und wir gingen weiter.

Immer mehr Fragen stellten sich mir. „Erzählen denn aber nicht die meisten", fragte ich, „mehr von den Taten, den Wundertaten und Heilungen unseres Meisters als von seiner stillen, uns bergenden Gegenwart?" „Wundert dich das?", fragte Matthäus zurück. „Die Menschen erinnern sich leichter an sensationelle Ereignisse. Davon, dass eine Mutter zum Beispiel jeden Tag für ihre Kinder sorgt, dass ein Vater sich täglich um die Belange des Alltags kümmert, spricht kaum jemand. Doch wenn ein Kind in den Dorfteich fällt und die Mutter es rettet, dann reden die Leute monatelang davon.

Auch das ereignishafte Wirken Gottes in der Geschichte der Menschen hat eine solche Bedeutung gewonnen, dass darüber das ständige Wirken Gottes fast ganz in Vergessenheit geraten ist. Jesus hat es verkörpert. Alles, was er gesagt und getan hat, ist ein Hinweis auf den barmherzigen Gott, der uns so nahe ist wie die Luft, die wir atmen. Jesus hat jeden Augenblick mit der Gegenwart Gottes gerechnet. Die Zeit selbst war für ihn sozusagen die Gegenwart Gottes in der Welt. ‚In jeden Augenblick geschieht Gottes lautlose Ankunft und unsere Aufgabe ist es', so hat uns Jesus gesagt, ‚gegenwärtig zu sein, unser Leben unter dem segnenden Angesicht Gottes zu leben, fröhlich, gelassen und manchmal zornig.'"

Matthäus war mit mir vor einer blühenden Blumenwiese stehen geblieben. Wir freuten uns beide über die Farbenpracht und den Duft der Blumen. „Wenn ich den Duft der Wiesenblumen rieche", sagte Matthäus, „dann rieche ich das Reich Gottes. Ich schmecke Brot und Wein und schmecke das Reich Gottes, von dem uns Jesus in seinen Gleichnissen erzählt hat. Ich spüre sein Wachsen und Werden allen Stürmen und Unwettern zum Trotz. Wenn ich wie jetzt, im Frühling, erlebe, wie alles keimt und sprosst, dann ahne ich etwas von der unerschöpflichen Kraft Gottes, aus der alles Leben hervorgeht und für die es keine Situation gibt, die ausweglos und ohne Hoffnung ist."

„Und wie verstehst du das Kreuz, die Auferstehung, die Himmelfahrt?", fragte ich neugierig. Matthäus schien auf diese Fragen gefasst zu sein. Doch er antwortete nicht gleich, sondern fragte zurück: „Was, wenn Jesus, um sein Leben zu retten, seine Botschaft widerrufen hätte? Was, wenn er am Ende seines Lebens gesagt hätte: Ich nehme alles zurück, Gott ist kein barmherziger Vater, der mit seinen missratenen Kindern Feste feiert, sondern ein unbarmherziger Richter?"

Ich spürte, dass Matthäus keine Antwort auf seine Fragen erwartete, denn er fuhr fort: „Das Kreuz ist für mich ein Segenszeichen Gottes. Es durchkreuzt den Wunsch nach schmerz- und leidfreier Größe. Es bestätigt Gottes Segenshandeln im Tod und durch den Tod hindurch. Wenn wir am Ende sind, steht Gott mit uns am Anfang. Sein liebendes Dasein für uns, wie Jesus es uns vor gelebt hat, können Menschen durch ihre Grausamkeit, durch ihr Wüten und Morden nicht beenden, nicht durchkreuzen. Erinnere dich doch mal", sagte Matthäus, „alle haben damals mitgeholfen, Jesus zu töten: Die Römer, die führenden Vertreter unseres Volkes, ja, das Volk selbst hat geschrien: Kreuzige ihn. Und wir? Einer von uns hat ihn verraten, einer verleugnet und wir alle haben ihn feige verlassen. Das Kreuz unseres Meisters stellt uns die unüberbietbare Tiefe der Zerstörung und Selbstzerstörungskraft von uns Menschen vor Augen. Am Kreuz wird das Versagen der ganzen Welt offenbar. Alle wenden sich gegen den, der Gottes Gegenwart, Gottes Liebe und Gerechtigkeit in Wort und Tag verkündigt hat. Gott aber hat diesen Plan durchkreuzt. Der Wärmestrom der Barmherzigkeit Gottes kann von keiner Macht der Welt, auch nicht von der Macht Roms aufgehalten werden.

Wie hat uns doch Maria immer wieder gesagt: ‚Der Auferstandene hat uns die Augen dafür geöffnet, dass Gott stärker ist als alle Todesmächte.' Mit seinem Gruß ‚Friede sei mit euch!' hat er uns seine schöpferische Lebenskraft zugesprochen.

Das Kreuz zeigt nach Norden und Süden, nach Osten und Westen. Es verbindet Menschen aus allen Himmelsrichtungen zur Menschheit Gottes. Diese Verbindung kann der Tod nicht zerstören."

Wieder schwieg Matthäus lang, während wir weiterwanderten, und wartete geduldig, bis sich das Gesagte in mir gesetzt hatte. „Ich habe, wie du herausgehört haben wirst, mein Verständnis von Auferstehung bereits angedeutet. Auferstehung ist rettendes Eingreifen Gottes, damit der Segensstrom weiterfließt. In Jesus erscheint allen, die im Schatten des Todes sitzen, Gottes Licht auf.

Wie in einer Ellipse ist in der Botschaft von der Auferstehung das Bekenntnis zu Gott in zwei Brennpunkten zusammengehalten: Gott ist und bleibt den Menschen zugewandt als der Rettende und Segnende. Daran kann auch der Tod nichts ändern. Wir sterben einmal nicht von Gott weg, sondern in Gott hinein."

„Doch da ist noch etwas anderes, das mich beschäftigt", sagte Matthäus und blieb dabei wieder mitten auf dem Weg stehen. „In der Quelle – du erinnerst dich –, in der einzelne Worte und Reden unseres Meisters gesammelt sind, habe ich kürzlich ein Wort unseres Meisters entdeckt: ‚Und wer nicht sein Kreuz auf sich nimmt und folgt mir nach, der ist meiner nicht wert. Wer sein Leben findet, der wird's verlieren; und wer sein Leben verliert um meinetwillen, der wird's finden' (Matthäus 10,32-33). Dieses Wort hat mich auf einen noch ganz anderen Gedanken über Tod und Auferstehung gebracht. Ich bin noch so damit beschäftigt, dass ich es schwer in Worte fassen kann, will es aber dennoch versuchen: Das Leben unseres Meisters wurde jäh abgebrochen, durchkreuzt, zerstört. Jesus hat uns kein abgerundetes, vollendetes Leben vorgelebt, wie wir es uns alle wünschen. Wenn er uns nun in seine Nachfolge, die Kreuzesnachfolge, ruft und uns ermutigt, unser Kreuz zu tragen, dann heißt das doch: Ziel der Nachfolge ist nicht ein abgerundetes, ganzheitliches, vollendetes Leben, sondern ein Leben, in dem die eigene Schwäche, das Unvollendete und Bruchstückhafte nicht versteckt oder verleugnet werden. Verstehst du, das entlastet. Entlastet von allen Zwängen, ein rundes, ganzheitliches Leben führen zu müssen. Wenn Jesus uns in die Kreuzesnachfolge ruft, dann macht er uns Mut, nichts umzulügen, das Dunkle und Unvollkommene als zu uns gehörend anzusehen, dazu zu stehen, im Vertrauen darauf zu leben, dass Gott das Unvollendete vollenden wird. Ostern hebt ja Karfreitag nicht auf, deutet es auch nicht um, sondern macht deutlich: Der gekreuzigte, zerbrochene Mensch Jesus ist Gott. Im Auferstandenen erkennen und glauben wir den Gekreuzigten."

Mir klingelten die Ohren, ich musste an meinen dunklen Bruder denken und an Perez' Satz: Du wirst ihn erkennen.

„Himmelfahrt", sagte Matthäus dann nach einer langen Pause und zeigte dabei auf unser Zuhause, das nach einer Wegbiegung überraschend wieder vor uns lag, „Himmelfahrt heißt, dass Gott von jedem Ort der Erde erreichbar ist, denn Gott will von jedem Menschen genau dort, wo er steht, entdeckt und gefunden werden. Gottes Wohnung jedoch ist gegen menschliche Übergriffe geschützt. Wie geschrieben steht: ‚Der Herr hat seinen Thron im Himmel errichtet und sein Reich herrscht über alles' (Psalm 103,19)."

Schweigend gingen wir das letzte Wegstück. „Es wird dich vielleicht überraschen", nahm Matthäus den Gesprächsfaden kurz vor der Haustür wieder auf und blieb dabei stehen. „Bei meinem letzten Besuch in Marias Haus habe ich Lukas von meiner Erkenntnis erzählt. Er hat mich erstaunt angeschaut, sein Evangelium genommen und mir den Schluss vorgelesen: ‚Er führte sie hinaus bis in die Nähe von Betanien und erhob seine Hände und segnete sie. Während er sie noch segnete, entschwand er ihnen und wurde in den Himmel emporgehoben. Sie warfen sich anbetend vor ihm nieder und kehrten mit großer

Freude nach Jerusalem zurück. Und sie waren allezeit im Tempel und priesen Gott' (Lukas 24,50-53).

Verstehst du, hat Lukas zu mir gesagt, wie eine Zusammenfassung seines ganzen Lebens hat Jesus den auf der Erde zurückbleibenden Jüngerinnen und Jüngern den Segen Gottes zugesprochen. In der Kraft seines Segens bleiben wir, seine von ihm räumlich getrennte Gemeinde, mit ihm verbunden.

Nachdenklich hat Lukas zugehört, als ich ihm daraufhin den Schluss meines Evangeliums vorgelesen habe. Und dann hat er leise gesagt: ‚Du hast den Segen Gottes klar und deutlich als bleibende Gegenwart Gottes unter uns ausgesprochen. Ja, genauso erlebe ich Gott jeden Tag als den, der uns nahe ist, wenn wir uns im Namen unseres Meisters Jesus versammeln. Erinnerst du dich nicht mehr an das Wort unseres Meisters? Siehe, das Reich Gottes ist mitten in euch. Gott ist nicht nur um uns, sondern in jedem von uns. Er ist der Geist, der uns bewegt und belebt. Er ist die stärkende Mitte, das Zentrum unseres Lebens, um das sich Wichtiges und weniger Wichtiges ordnen, das uns Orientierung gibt. Unsere Aufgabe ist es, wie Jesus den Menschen die Augen dafür zu öffnen, dass Gott im Leben eines jeden bereits am Werk ist und sich darin eingemischt hat.'"

Die Sonne stand bereits tief im Westen, als wir beide müde und erschöpft ins Haus traten. Ich war wie erschlagen von dem, was Matthäus mir berichtet hatte. Doch zugleich spürte ich: Es stimmt. Und, das erstaunte mich, ich wuchs in den kommenden Monaten immer tiefer in die Erkenntnis hinein: Gott ist uns in Jesus von Nazareth als der segnende Heiland begegnet und in seinem Wort bleibend unter uns. Matthäus hat recht, wenn er in seinem Evangelium schreibt: Christus spricht: „Wo zwei oder drei in meinem Namen versammelt sind, da bin ich mitten unter ihnen."

Ich wartete nun nicht mehr darauf, dass Gott durch einen

wunderbaren Eingriff alle Unannehmlichkeiten aus meinem Leben wegzauberte, sondern lernte den Wunsch, schmerzfrei durchs Leben zu kommen, loszulassen. Ja, ich hörte auf, dem Leben Bedingungen zu stellen.

Das Schreiben fällt mir zunehmend schwerer. Immer öfter verschwimmen die Buchstaben vor meinen Augen. Ich möchte gerne weitererzählen, doch meine schwachen Augen zwingen mich, die Feder aus der Hand zu legen. Was sonst noch von mir zu berichten ist, mag, wenn er will, Matthäus erzählen. Er hat mich dem Geheimnis des Jesus von Nazareth näher gebracht.

Nein, ich kann nicht sagen, dass ich dieses Geheimnis verstanden habe. „Du wirst da hineinwachsen", hat Matthäus mir beim Abschied gesagt. Das Hineinwachsen in eine neue Erkenntnis ist ein schmerzlicher Prozess. Er fällt mir mit zunehmendem Alter schwerer, gilt es doch, von alten Vorstellungen und Glaubensüberzeugungen, von denen ich lange Jahre überzeugt war, Abschied zu nehmen. Doch ein Glaube an Gott, der nicht wächst, ist toter Glaube.

Ich bin in letzter Zeit oft erschrocken, wenn mich alte Bekannte besucht und von ihrem Glauben erzählt haben, einem Glauben, der in den Kinderschuhen stecken geblieben, nicht mit ihnen gewachsen ist. Ich wurde in solchen Gesprächen immer trauriger, spürte den Erwartungsdruck, so zu glauben wie meine Bekannten, und erlebte, wie sie mich fallen ließen, wenn ich ihre Erwartungen enttäuschte.

Von Matthäus habe ich gelernt: Das Evangelium, die froh machende Botschaft Gottes, wie sie Jesus uns verkündet hat, muss in jeder Zeit, in jeder Generation neu erzählt werden. Matthäus hat mir die Augen geöffnet für den Glauben als ein Hineinwachsen in Gott und damit zugleich in die eigene Lebendigkeit.

Wenn ich auf mein Leben zurückblicke, sind die Samenkörner für diese Erkenntnis schon früh von meiner Pflegemutter und von Perez in mein Herz gesät worden. Matthäus hat sie zum Keimen und Susanna zum Blühen gebracht.

Ein herzlicher Dank an sie alle soll darum am Schluss dieser, meiner Lebensgeschichte stehen.

Gerschom, der Hirte mit der Augenklappe

Gerschom war mir eine wichtige Stütze

*I*m Innersten aufgewühlt und tief berührt, legte ich die Rolle mit den Lebenserinnerungen Gerschoms, die mir Susanna ausgeliehen hatte, aus der Hand. War es ein Zufall, dass ich das letzte Kapitel ungefähr um dieselbe Zeit las, in der, so hatte ich es mir ausgerechnet, Gerschom vor vielen Jahren das Kind von Bethlehem im Stall besucht hatte?

In mir regte sich der Gedanke: Du musst jetzt sofort weiterschreiben und den Letzten Willen deines Freundes erfüllen. So legte ich die Rolle mit Gerschoms Lebensgeschichte beiseite und begann, meine Gedanken in Worte zu fassen. Doch ich spürte: Ich kann Gerschoms Bitte nicht direkt erfüllen. Ich muss zuerst von uns, von unserer Gemeinde berichten:

Wir waren damals, um das Jahr 60, eine bunt zusammengewürfelte Gruppe, sehr unterschiedlich in Bezug auf Alter, Herkunft und Bildungsstand. Was uns jedoch trotz aller Unterschiede tief verbunden hat, war unser Glaube. Wir nannten uns Nazaräer. Ja, ganz richtig, nach Jesus von Nazareth. Wir waren Jesusanhängerinnen, Jesusanhänger. Ich habe in meinem Evangelium, dem nach mir genannten Matthäusevangelium, von uns ganz einfach als Kirche gesprochen. Kirche, das meint diejenigen, die Jesus in seine Nähe gerufen hat. Wir alle waren fest davon überzeugt, dass Jesus von Nazareth der ist, von dem die Propheten gesprochen haben und den Gott in die Welt geschickt hat, um uns ins Vertrauen zu ihm, dem barmherzigen Gott einzuladen, und uns als Gesegnete Gottes zu verstehen.

Nein, wir haben keine großen Reden gehalten, sondern von unseren Begegnungen und Erfahrungen mit Jesus erzählt: In Jesus von Nazareth ist uns der bedingungslos liebende Gott begegnet. Wir haben seine Barmherzigkeit erfahren und unsere Würde, unsere Liebenswürdigkeit entdeckt. Menschen, die ihre in Gott gegründete Würde entdecken, können nicht mehr durch Angst verfügbar gemacht werden. Sie sind frei und in dieser Freiheit denen gefährlich, die auf dem Rücken anderer nach oben streben. Als Jesus das damals verkündet hatte, bekamen die Römer natürlich spitze Ohren und sie erkannten sofort: Jesus stört unsere Machtordnung. Doch als sie ihn wegen Unruhestiftung zum Tode am Kreuz verurteilten, hat er die Macht der Liebe nicht verraten, nichts von seiner Botschaft widerrufen.

Wenn wir so von Jesus sprachen, ihn unseren Herrn und Meister nannten, zitierten diejenigen, die sich in den heiligen Schriften unseres Volkes gut auskannten und sich darum gerne Schriftgelehrte nennen ließen, jenen Spruch aus den Büchern des Moses: „Verflucht ist, wer am Holz hängt" (5. Mose 21,23). „Für uns", so fügten sie hinzu, „ist der Fall Jesus erledigt, tot, begraben. Und wer sich auf ihn beruft, gehört nicht mehr zum Volk Gottes." Unser Bekenntnis „Die in Jesus Mensch gewordene Liebe Gottes lässt sich in kein Grab einsperren, Jesus lebt, er lebt mitten unter uns und wir spüren seine Kraft" beantworteten sie hartnäckig mit dem Satz: „Wer am Kreuz hängt, ist und bleibt ein von Gott Verfluchter und wer sich zu einem Verfluchten bekennt, schließt sich selbst aus der Gottesgemeinde aus."

Zuerst haben wir alle, jeder auf seine Weise, immer wieder dagegen gehalten: „Wir sind auch Abrahams Kinder. Wir halten uns auch an die Gebote Gottes. Wir gehören zu euch. Jesus hat die Gebote Gottes nicht aufgehoben, sondern erfüllt." Doch alle Versuche, als Jesusleute weiterhin zur Gemeinde der Synagoge zu gehören, schlugen fehl.

Ich vertiefte mich damals noch mehr in die Heiligen Schriften, in die Bücher von Mose, die Thora, und die der Propheten. Gerschom, der Hirte mit der Augenklappe, wie er sich selbst oft lachend nannte, war mir dabei eine wichtige Stütze. Er war mit ein paar Freunden zu uns gezogen. Erstaunlich gut kannte er sich in den heiligen Schriften, besonders den Prophetenbüchern, aus. Wenn ich nach einer passenden Stelle suchte, kam er mir oft zuvor und sagte: „Wie geschrieben steht im Buch des Propheten Micha oder Jesaja." Immer neue Belege, das heißt Schriftbeweise, für Jesus, als den von Gott gesandten Messias, entdeckten wir beide.

Unsere Erkenntnis „Jesus ist der versprochene Retter, der Sohn Davids, der erwartete Messias" wuchs in uns zur festen Gewissheit. Immer wieder erzählte Gerschom auch von seinem Erlebnis im Stall von Bethlehem. Doch mir kam das alles sehr sonderbar vor. Ich fand zu Gerschoms Geschichte von dem Kind im Stall, dem Heiland der Welt, der als Säugling im Stroh lag, keinen Zugang. Sie blieb mir fremd. Ich habe sie auch nicht in mein Evangelium aufgenommen.

Ganz bewusst habe ich darum mein Evangelium von Jesus mit einem viel weiteren Rückblick in Gottes heilsamen Plan mit uns Menschen begonnen und geschrieben: „Dies ist die Geschichte Jesu Christi, des Sohnes Davids, des Sohnes Abrahams."

Ich habe bereits im Gespräch mit Lukas gesagt: In dem Namen Immanuel – das heißt: Gott mit uns – ist das Thema meines ganzen Evangeliums wie in einem Brennpunkt zusammengefasst: Jesus ist Gottes Leib gewordene Zuwendung zu uns Menschen.

Wenn Gerschom dann von der Zeit berichtete, die er gemeinsam mit Johannes dem Täufer verbracht hatte, schrieb ich alles aufmerksam mit. Ja, das überzeugte mich: Als Jesus sich am

Jordan in die Reihe der Menschen stellte, um sich von Johannes taufen zu lassen, hat Gott sich zu Jesus bekannt und durch Johannes allen sagen lassen: In Jesus bin ich euch Menschen so nahe gekommen, als wäre mein eigener Sohn unter euch.

Darum wurde ich nicht müde, in allen Gesprächen mit den Schriftgelehrten zu bekennen: In Jesus kommt Gott selbst zu uns. So steht es bei Mose und den Propheten geschrieben. Ja, ganz richtig, in meinem Evangelium brauche ich oft die Formulierung: Auf dass erfüllt würde, was gesagt ist durch den Propheten. Oder: Denn so steht geschrieben ...

Doch in der Regel wurden aus solchen Diskussionen Streitgespräche, bei denen sich die Fronten umso mehr verhärteten. Auf die Gründe dafür kann ich hier nur ganz kurz eingehen: Die Mitglieder der Synagoge, insbesondere ihre Wortführer, waren in einer ähnlichen Situation wie wir: Die Römer hatten Jerusalem und den Tempel, den Mittelpunkt des jüdischen Glaubens, zerstört. Den Tempel, von dem alle Frommen in unserem Land überzeugt waren: Dort wohnt Gott ewig.

Wo wohnt Gott jetzt?, fragten sich viele. Sie standen wie wir vor einer neuen Herausforderung. Sie mussten sich neu orientieren, ihre Mitte suchen. Und in diesem Suchprozess grenzten sie sich von allen ab, die nicht genauso wie sie dachten und glaubten und die Thora als alleinigen Maßstab für alles Tun und Lassen anerkannten.

Nun könnte jemand fragen: Na und? Warum habt ihr euch das alles so zu Herzen genommen? Ihr hattet doch euren Glauben an Jesus von Nazareth als dem Sohn Davids! Wer so fragt, übersieht etwas Wesentliches: Wir fühlten uns, wie bereits gesagt, innerlich als Juden, wie unser Meister Jesus auch. Er, so sagten wir, hat nicht zufällig zwölf Jünger in seine Nähe gerufen. Die zwölf Jünger stehen für die zwölf Stämme Israels. Das heißt, wir verstanden uns als Kern des Volkes Gottes.

Einige von uns trösteten sich damit, dass es nur eine kleine, aber sehr einflussreiche Gruppe, die der Pharisäer und Schriftgelehrten, war, die uns ausgrenzte. Im Volk hatten wir viele Freunde. Doch – das traf uns viel härter – wir verloren mit der Ausgrenzung aus der Synagoge nicht nur das Recht, den Kaiserkult zu verweigern, sondern auch das Recht, uns als Gemeinde zu versammeln. Das heißt, wir waren auch den Römern schutzlos ausgeliefert.

Für hellhörige Ohren wird längst klar geworden sein: In uns wuchs ein gefährliches Gefühlsgemisch aus ohnmächtigem Trennungsschmerz, Wut und – ich gestehe es – bei manchen sogar Hass auf die, die uns ausgrenzten und uns aus ihren Gotteshäusern, den Synagogen, ausgeschlossen hatten. Es war alles noch zu frisch, um objektiv zu bleiben. Die Wunden der Vertreibung waren noch nicht verheilt.

Ja, es gab immer noch ein paar Leute von uns, die das alles nicht wahrhaben wollten. „Als Jakobus, der Bruder von Jesus, auf Befehl des Hohenpriesters getötet wurde, haben einige Synagogenvorsteher protestiert, sodass der Hohepriester abgesetzt wurde", sagten sie. „Das zeigt doch: Wir haben nach wie vor auch unter den religiösen Führern des Volkes Freunde." Doch in den Herzen der meisten von uns brannte ein Schmerz, kochte eine Bitterkeit, die in alles, was wir sagten oder aufschrieben, mit einfloss.

Noch etwas anderes stand seit dem Jahre 70 zwischen uns und den Vorstehern der jüdischen Gemeinde: Wenn wir unserer tiefen Enttäuschung, nicht mehr zur Synagogengemeinde gehören zu dürfen, Ausdruck verliehen, wurden sie zornig und antworteten: „Wo wart ihr denn, als die Römer Jerusalem belagerten, eroberten und dem Erdboden gleich gemacht haben? Warum habt ihr uns nicht geholfen, die Stadt Gottes zu verteidigen? Ihr seid Verräter, habt uns im Stich gelassen und euch damit selbst ausgeschlossen." Dieser Vorwurf traf uns mit voller Wucht und wir hatten ihm nichts entgegenzusetzen.

Nachdem dann bald darauf einige Gemeindemitglieder buchstäblich mit Gewalt aus den Synagogen gedrängt worden waren, entschlossen wir uns, das Land Israel zu verlassen und noch weiter in den Norden, in den Raum Syrien zu ziehen. Aus allen Teilen des Landes Israel haben wir uns hier im Norden, im Raum Syrien zusammengefunden. Hier gab es keine Synagogen, das heißt keine jüdischen Gemeinden. Hier hofften wir, in Frieden leben zu können.

Aber wie immer, wenn du den äußeren Feinden entkommen bist, fangen die inneren Schwierigkeiten an: Erst jetzt wurde uns bewusst, was wir um unseres Glaubens willen auf uns genommen, was wir verloren hatten. Es braute sich, ich sagte es bereits, in unseren Herzen und Köpfen ein gefährliches Gefühlsgemisch zusammen. Wir fragten uns: Wer sind wir? Wozu gehören wir, wenn nicht zur Synagoge, zum Volk Gottes, zum Volk des Gottes Abrahams, Isaaks und Jakobs? Woran sollen wir uns orientieren, wenn uns das Recht abgesprochen wird, uns an die Weisung Gottes, an die Thora, zu halten?

Einige von uns waren ganz damit beschäftigt, alle Worte, die Jesus irgendwo irgendwann gesagt hatte, zu sammeln und aufzuschreiben, um sozusagen ein Orientierungsbuch für Jesusleute zu erstellen. Auch für mich wurde diese Sammlung der Worte unseres Meisters Jesus zu einer unschätzbaren Quelle beim Schreiben meines Evangeliums. Ich habe viel daraus geschöpft.

Die meisten von uns steckten jedoch in einer tiefen Glaubenskrise. Ich nenne solche Krisen in meinem Evangelium Kleinglauben, das heißt: nachlassende Spannkraft des Vertrauens in Gottes Gegenwart.

Ohne den schützenden Hafen der Synagogengemeinde ist unser Schiff schutzlos allen Stürmen ausgeliefert, klagten viele.

Diese innere Resignation, dieses Ohnmachtsgefühl, das sich in unserer Gemeinde breitmachte, war für mich eine ungeheure Herausforderung: Ich beschloss, ein eigenes Evangelium zu verfassen, genauer gesagt, das Markusevangelium umzuschreiben.

Ich hatte die Idee, die Jesusgeschichte so zu schreiben, dass sich in ihr unsere eigene Geschichte, das heißt die Geschichte unserer Gemeinde widerspiegelt. Auch wir waren ja wie Jesus aus der Gemeinde der Frommen ausgestoßen worden.

Ja, es gab bereits eine Sammlung von Erlebnissen mit Jesus, die ein gewisser Markus gesammelt hatte und Evangelium nannte. Je öfter ich sein Evangelium durchlas, umso deutlicher wurde mir: Ich muss es umschreiben, es so in unsere Zeit übertragen, dass die Frauen und Männer unserer Gemeinde spüren: Im Evangelium geht es um uns. Um unsere Angst, um unseren Kleinglauben, um unsere Vertreibung, um unsere Not. Wir sind eingeladen, Jesus als den zu erkennen, der uns hier und heute begleitet, ermutigt und tröstet. Mit anderen Worten: Ich suchte eine Sprache, in der sich unsere Lebensgeschichte und unsere Glaubensgeschichte, das heißt, die Erfahrungen, die wir mit Jesus gemacht hatten, miteinander verbinden.

Ich hatte, wie bereits gesagt, damit begonnen, alles aufzuschreiben, was ich von Jesus erfahren konnte. Besonders interessierte mich das, was die einfachen Leute noch von ihm wussten. Doch ebenso wichtig wie das Problem des Kleinglaubens war für mich die Frage: Wer sind wir, wo ist unser Zuhause, wenn wir nicht mehr zum Volk Israel, zur Synagoge gehören?

Zum Thema Kleinglauben fand ich viele Mutmachgeschichten. Die bekannteste ist die von der Stillung des Sturms auf dem See. Ich fand sie im Markusevangelium und schrieb sie nur um und nannte die Jünger, die mit Jesus im Boot saßen, „Kleingläubige".

Oder jene Geschichte vom sinkenden Petrus, der für mich

ein besonders deutliches Beispiel für einen Kleingläubigen ist: Er schaute nicht mehr auf Jesus, sondern starrte auf die Wellen, verlor das Vertrauen und geriet in Panik. Ich habe diese Szene vom kleingläubigen Petrus in die Erzählung des Markus von Jesus, der auf den Wellen geht, eingefügt, ich habe sie neu geschrieben.

Viel schwerer fiel mir aber die Antwort auf die brennende Frage: Wer sind wir? Jedes Mal, wenn ich glaubte, eine Antwort gefunden zu haben, stieg die alte Bitterkeit wieder hoch, meldete sich der Trennungsschmerz.

So auch, als ich jenen Text von dem römischen Hauptmann, der Jesus um Heilung seines kranken Sohnes bittet, aufschrieb. Ich war so froh, diese Geschichte durch Maria aus Magdala erfahren zu haben. Sie stand nämlich nicht in dem mir vorliegenden Markusevangelium. Mit ihr wollte ich eine klare Antwort auf die unter uns strittige Fragen geben: Wer sind wir selbst und sollen wir in unserer heidnischen Umgebung Frauen und Männer für unsere Gemeinde anwerben? Denn bisher gehörten nur Frauen und Männer aus der Synagoge zu uns, das heißt Leute aus dem Volk Israel.

Ich war, wie gesagt, durch Maria auf die Geschichte vom heidnischen Hauptmann gestoßen und schrieb sie nun für unsere Gemeinde um. Jesus selbst, so erzählte ich die Geschichte, hat durch die Begegnung mit dem römischen Hauptmann gelernt: Das neue Gottesvolk setzt sich zusammen aus Juden und Römern. Aus allen Ländern der Welt werden die Menschen kommen, um mit Abraham, Isaak und Jakob im Himmel, am Tisch Gottes, zu sitzen.

Damit war klar zum Ausdruck gebracht: Wir sind keine Fremdlinge in dieser Welt, sondern gehören zum Volk Gottes. Der auferstandene Christus hat uns beauftragt, alle dazu einzuladen, sich als Gottes geliebte Söhne und Töchter zu verstehen.

Ich war erleichtert, diese Formulierung gefunden zu haben.

Doch dann stieg wieder jener feindselige Gedanke gegen die, die uns ausgegrenzt hatten, in mir auf und ich gab der Geschichte eine andere Wendung. Nun weiß ich nicht, ob du das auch kennst? Da lobe ich meinen Sohn: Du hast dein Zimmer gut aufgeräumt, und schließe mit dem Satz: Aber deine Schuhe liegen immer noch unter dem Bett! Oder ich erkenne die Leistung eines jungen Menschen an und füge hinzu: Aber wenn du dich noch etwas mehr anstrengen würdest, dann ... Ich gebe meiner Freude über ein gelungenes Werk Ausdruck und sage zu meiner Tochter: Du hast eine wunderschöne Vase geformt, und füge hinzu: Aber der Henkel ist zu klobig. Mit dem „Aber" verändert sich die Stimmung. Das Lob verblasst, das „Aber" drängt sich in die Mitte.

So auch in der Geschichte, die uns Maria in Magdala von dem römischen Hauptmann erzählt und die ich in mein Evangelium aufgenommen hatte. Dem Satz „Viele werden kommen von Osten und Westen und mit Abraham und Isaak und Jakob im Himmelreich zu Tisch sitzen" fügte ich ein „Aber" hinzu: „Aber die Kinder des Reichs werden hinausgestoßen in die Finsternis; da wird sein Heulen und Zähneklappern" (Matthäus 8,12).

Damit hab' ich's ihnen gesagt, dachte ich. Ja, ich war mir damals dessen wohl bewusst, was ich da geschrieben hatte. Ich wusste auch, wie genau ich durch diese eingeschobene Bemerkung denen aus der Seele sprach, die den Trennungsschmerz noch immer nicht überwunden hatten. Ich war wieder einmal in jene Reaktionsfalle getappt, hatte uns auf- und im gleichen Atemzug die anderen abgewertet. So, als würden wir wachsen, wenn wir andere klein machen.

Ich schäme mich und würde heute vieles ganz anders schreiben. Zum Beispiel den Schluss der obigen Geschichte. Ich würde den Aber-Satz weglassen und schreiben: „Viele werden kommen von Osten und von Westen und mit Abraham und Isaak und Jakob im Himmelreich zu Tisch sitzen. Zu den vielen gehört ihr und gehören wir, Juden, Christen und Heiden. Wir alle werden uns einmal mit Abraham, Isaak und Jakob wundern, wer sonst noch alles mit uns zusammen am Tisch Gottes sitzt! Gott hat ein weites Herz, denn er ist barmherzig. Er heilt den Riss, der durch die Menschheit geht."

Aber nun, nach diesem langen Umweg, zurück zu meinem Freund Gerschom und seiner Bitte, seine Lebensgeschichte zu Ende zu erzählen:

Gerschom ist etwa ein halbes Jahr bei uns geblieben. Dann hat er sich von allen verabschiedet. Die Einsamkeit würde ihn rufen, hat er nur gesagt. Von Wanderern haben wir erfahren, dass Gerschom sich tief im Hermongebirge eine Einsiedelei gebaut hat.

Ich hatte mir fest vorgenommen, ihn zu besuchen, sobald mein Evangelium fertig geschrieben war. Doch zu diesem Besuch ist es nicht mehr gekommen. Das heißt, als ich einige Monate später vor Gerschoms Haus stand, das er aus Baumstämmen und Felssteinen gebaut hatte, waren alle Fenster und Türen weit geöffnet. An die Hauswand gelehnt stand ein Holzkreuz mit dem Namen Susanna im Querbalken. Hinter dem Namen stand: Jesaja 8,23. Der Stamm war mit vielen Tieren verziert: Einen Löwen erkannte ich, einen Bären, eine Ziege, ein Schaf ...

„Das ist sein letztes Werk. Er hat es für mich gemacht", rief eine Frau, die aus dem Garten kam, und zeigte dabei auf das Kreuz. Ihrem gebeugten Rücken nach schien sie mir sehr alt zu sein. Doch ihre Augen leuchteten. Sie überstrahlten die Falten in ihrem Gesicht und machten es viel jünger. „Du bist Matthäus, Gerschom hat mir gesagt, du würdest bald kommen", fuhr die Frau fort, nahm meine Hand und führte mich in den Garten zu Gerschoms Grab, das ganz von weißen Kieselsteinen umrandet war. Auf dem schlichten Kreuz stand Gerschoms Name und Psalm 68,7.

Susanna hat mich dann noch zu einer Tasse Tee unter dem Mandelbaum im Garten eingeladen und mir zum Abschied zwei Buchrollen gegeben, eine größere und eine kleinere. In die kleinere waren zwei Blätter mit einem längeren Text eingerollt. Wie ein kostbares Geschenk legte Susanna die kleine Buchrolle in meine Hand und zeigte dabei auf meinen Namen: „Für Matthäus", stand außen auf der Rolle.

„In diesem Buch", sagte Susanna und reichte mir die größere Rolle, „hat Gerschom einiges aus seinem Leben aufgeschrieben. Er hat mich gebeten, dir dieses Buch auszuleihen. Es könnte dir beim Schreiben deines Evangeliums nützlich sein. Bring es mir bitte zurück, wenn du es ausgelesen hast." Daraufhin verabschiedete sich Susanna von mir und ging zurück in ihr Haus.

Ich stand da, fühlte mich reich beschenkt und spürte eine tiefe Traurigkeit. Eine Traurigkeit darüber, dass ich nicht früher den Weg zu Gerschom gefunden hatte.

Zu Hause habe ich sofort in den heiligen Schriften nachgeschlagen und bei Jesaja gelesen: „Es wird nicht dunkel bleiben über denen, die in Angst sind." Im Psalm 68 steht: „Gott ist einer, der die Einsamen nach Hause bringt."

In der großen Buchrolle, der Lebensgeschichte von Gerschom, begann ich noch am selben Abend zu lesen. Doch es war mir unmöglich, sie in einem Zug durchzulesen. Zu viele Erinnerungen bremsten den Lesefluss, zwangen mich, innezuhalten, mich zu besinnen und nachzudenken. Außerdem hatte ich beim Lesen immer ein leeres Blatt neben mir liegen und schrieb Stellen ab, die mir wichtig erschienen und die ich in mein Evangelium einfügen wollte.

Die kleine Buchrolle, auf der außen in großen Buchstaben „Für Matthäus" stand, habe ich, wie bereits erzählt, nicht sofort geöffnet, sondern sie bis zum nächsten Sonntag liegen lassen. Noch bevor die Sonne aufging, habe ich sie mit auf meinen Berg genommen und dort mit dem ersten Sonnenstrahl entrollt und laut vorgelesen:

„Lieber Freund, falls wir uns hier auf dieser Erde nicht mehr begegnen, lasse ich dir über meine Frau Susanna mein Glaubensbekenntnis, das zugleich mein Vermächtnis an dich ist, zukommen:

Ich bin Ihm begegnet und begegne Ihm jeden Tag in der Wirklichkeit meines Lebens, in meinem Alltag und staune, auf wie vielfältige Weise Er in mir lebendig ist: im Schmecken, Sehen, Hören, Fühlen ... Oft habe ich Mühe, mit Ihm Schritt zu halten.

Er hat mich ermutigt, meinen dunklen Bruder zu adoptieren, ihn als meinen ständigen Begleiter zu akzeptieren. Mit dem Psalmbeter bekenne ich: Ich gehe nicht um mit Großem, das mir zu wunderbar ist (Psalm 131,1).

Von dem Mann aus Nazareth, der in die Futterkrippe von Bethlehem, in unseren erbärmlichen Alltag hineingeboren wurde, habe ich gelernt: In jedem von uns kommt Gott in einmaliger Weise zur Welt.

Ich suche Gott darum nicht mehr in einer Gegenwirklichkeit über allem, sondern in allen und allem. Ich habe gelernt, Gott in den Menschen zu lieben, die er mir zur Seite gestellt hat, in den nahen, die jeden Tag um mich sind, und in denen, die mir scheinbar zufällig begegnen.

In der Begegnung mit ihnen allen bin ich – so geheimnisvoll das klingt und ist – ins eigene Leben, das Schmerzen und Tod nicht ausschließt, hineingeboren. In der Hingabe an mein Leben lebe ich in Gott, alltäglich.

In dem Buch des Propheten Jeremia habe ich einen Satz gefunden, der das Leben des Mannes aus Nazareth, der jeden Tag in der Gegenwart Gottes lebte, treffend zusammenfasst: Er half dem Elenden und Armen zum Recht und es ging ihm gut. Heißt dies nicht, mich recht erkennen?, spricht der Herr (Jeremia 22,16). Jesus hat nach diesem Gottesspruch gelebt und so Gott erkannt.

Das Gleichnis, das Jesus vom Weltgericht erzählt hat, schließt an den Spruch des Jeremia an. Ich habe es meiner Erinnerung nach aufgeschrieben und schicke es dir hiermit in dem beiliegenden zusammengerollten Blatt. Soweit ich mich erinnern kann, hat uns dieses Jesuswort einer der Teilnehmer im Hause von Maria weitergesagt. Leider weiß ich nicht mehr, wer. Für mich ist es ein sehr zentrales Wort des Mannes von Nazareth. Ich schreibe es auf als meinen letzten persönlichen Gruß an dich. Du darfst es, ohne meinen Namen zu nennen, in dein Evangelium aufnehmen. Der Psalm, den ich in Erinnerung an meinen Lehrer Perez geschrieben habe, ist nicht für dein Evangelium bestimmt. Ich schicke ihn dir in der Hoffnung, dass du erkennst, wie viele meiner Erkenntnisse ich Perez verdanke, der für mich ein zweiter Vater war.

Möge Gott dich und dein Werk segnen!

Gerschom, der Hirte mit der Augenklappe"

Immer wieder habe ich den Text der kleinen Buchrolle für mich durchgelesen. Er ist mir in vielem ein Rätsel geblieben. Doch ich habe Gerschoms Bitte erfüllt und das Gleichnis, ohne Gerschoms Namen zu nennen, in das 25. Kapitel meines Evangeliums aufgenommen.

Das zweite Blatt der kleinen Buchrolle mit der Überschrift „Du warst ein Fremder in dieser Welt und hast doch vielen ein Zuhause geschenkt" war ein dem Perez gewidmeter Psalm. Als ich ihn zum ersten Male las, überfiel mich eine große Traurigkeit. Wie gerne wäre ich Perez begegnet! Doch je öfter ich den Psalm las, umso deutlicher wurde mir: Perez war neben Johannes dem Täufer ein Wegbereiter des Kindes von Bethlehem, ja, in vielem ihm gleich.

Als ich einige Wochen später die Buchrolle mit den Lebenserinnerungen Gerschoms zurückbringen wollte, waren alle Fenster und Türen von Gerschoms Haus, in dem Susanna wohnte, fest verschlossen. Im Garten fand ich auf Gerschoms Grab ihr Kreuz. Es stand dem Kreuz Gerschoms gegenüber. Doch, das sah ich sofort, das Grab war, abgesehen von Susannas Kreuz, unverändert. Hier konnte Susanna nicht begraben sein. Im Garten und auch rund ums Haus fand ich keine Spur von einem zweiten Grab. Schließlich gab ich die Suche auf, setzte mich auf die kleine Bank im Garten und überlegte. Vermutlich ist Susanna zurückgekehrt in ihre alte Heimat, nach Bethlehem.

Kurz entschlossen ging ich nach Hause und brach bereits wenige Tage später auf nach Bethlehem. Es war nicht schwer, mich nach dem Haus durchzufragen, in dem eine gewisse Lea und Susanna als Kinder gewohnt hatten. Ein Junge von etwa zehn Jahren führte mich zu einem kleinen Haus mit angebautem, inzwischen fast ganz zerfallenem Stall. Das Haus mit dem kleinen Vorgarten war hübsch hergerichtet. Ich klopfte an die Türe und stand kurz darauf vor Susanna. Sie war erstaunt, mich wiederzusehen, und bat mich ins Haus.

„Ich möchte dir die Buchrolle zurückbringen", sagte ich und legte die Rolle auf den Tisch. Doch Susanna weigerte sich, die Buchrolle zurückzunehmen. „Bei dir ist sie besser aufgehoben", antwortete sie, stand auf und legte mir die Rolle genau wie damals behutsam in die Hand. Dann bat sie mich, ihr zu folgen. Sie führte mich durch einen niedrigen Gang in den angebauten, halb verfallenen Stall. „Hier ist das Kind geboren. Hier habe ich Gerschom zum ersten Male gesehen. Hierher musste ich zurückkehren, hier bin ich, wie Jesus, geboren." Dann umarmte mich Susanna, gab mir einen Kuss auf die Stirn und ließ mich allein in dem Stall stehen.

Die Buchrolle mit Gerschoms Lebensgeschichte und den Psalm, den Gerschom seinem großen Lehrer Perez gewidmet hatte, habe ich als lebendiges Zeugnis neben mein Evangelium gelegt.

Oft habe ich nacheinander in allen drei Schriften, meinem Evangelium, der Lebensgeschichte Gerschoms und dem Psalm über Perez, gelesen. Ich war erstaunt, wie beim Lesen des Psalms immer deutlicher auch das Gesicht Gerschoms hervortrat und, ja – ich deutete es bereits an – in vielen Strophen auch das Gesicht des Kindes von Bethlehem, des Jesus von Nazareth.

Darum soll dieser Psalm am Ende meines Berichtes über unsere Gemeinde, unseren Glauben an Jesus von Nazareth und über Gerschoms Lebensende stehen:

Du warst ein Fremder in dieser Welt und hast doch vielen ein Zuhause geschenkt

Perez, zerrissen, gespalten, entzweit
und tief verbunden mit allem, was lebt.
Verwurzelt in den Liedern und Geschichten meines Volkes,
federleicht im Tanz mit den Blättern im Wind.

Taub für die Geräusche der Welt,
für das Raffen von Geld und Besitz.
Du, großer Horcher! Dem Wind hast du Geschichten entlockt,
die Steine zum Reden gebracht.

Jeden Tag bereit und offen, das Lebenswerte,
das noch aussteht, zu empfangen,
und zugleich wachsam erinnernd an das Gute,
das dir in deinem Leben zuteilwurde.

Alle Lebewesen hatten für dich Gesichter und Namen.
Die Bäume nanntest du Geschwister,
sprachst von der Eiche als der Unwiderstehlichen,
von der Zeder als deiner spindeldürren Wegweiserin.

In die Rinde der mächtigen Terebinthe, deinem Sorgenbaum,
hast du deinen Kummer gesteckt,
dem Feigenbaum im Garten
für seine süßen Früchte gedankt.

Wenn Menschen lange und viel redeten,
wurdest du immer stiller,
hast das Ungesagte herausgehört,
die stummen Bekenntnisse hinter den Worten entschlüsselt.

Mäuse, Vögel, Füchse, Rehe, Esel ...
du kanntest ihre Sprache und sie verstanden dich.
Das Seufzen der Erde war dir ebenso vertraut
wie ihr Aufatmen nach lang ersehntem Regen.

Unvergesslich der Augenblick, als du dich von dem Ziegenbock
zur Kopf-Druck-Probe herausfordern ließest.
Ohne Neid und Zorn hast du es ertragen, dass er dir seine
Hörner hinstreckte,
damit du dich an ihnen von Boden hochziehen konntest.

Mit den wilden Bächen aus den Bergen
bist du über Stock und Stein gesprungen,
hast dich vom Wasserfall umhüllen und erfrischen lassen,
dich im See mit Fischen und Aalen getummelt.

Du wurdest voller Stolz Teil des Regenbogens,
der sich wie eine Brücke über den Fluss spannte.
Mit den Segelschiffen hast du deine Sehnsucht in die Weite
entlassen,
in den Sturm deine Angst geschrien.

Du wusstest zu gut:
Der tiefe Riss in mir ist unheilbar.
Du bliebst dir treu, hast deine Zerrissenheit nicht verleugnet,
dein Gesicht nicht hinter Masken glatter Makellosigkeit
versteckt.

Du warst ein Fremder in dieser Welt
und hast doch mir und vielen anderen ein Zuhause geschenkt.
Bei dir war viel Raum für Menschen aus fernen Ländern.
In deiner Nähe konnten wir alle wachsen.

Den Schönrednern hast du voller Zorn
die Schminke von den Lippen gekratzt,
ihnen den Hut vom Kopf gerissen,
unter dem sie ihre gierigen Blicke verbargen.

Dein Zorn hat die mit Sachzwängen
schöngeredete Wirklichkeit enthüllt,
die Leben zerstörenden Strukturen benannt,
den Schleier der Lügen beiseitegeschoben.

Du hast eine Freiheit gelebt,
die vielen Angst machte:
die ansteckende, herrliche Freiheit
der Töchter und Söhne Gottes.

Absichtslos und unbefangen,
so hast du sie gelebt, die göttliche Freiheit.
Ohne Erwartungsdruck, ohne Erfolgszwang,
ohne Angst, zu kurz zu kommen.

In dem lebendigen Gott wusstest du dich geborgen.
Von Zeit zu Zeit, von Ort zu Ort bist du mit ihm gezogen,
selten in die Ferne.
Das Bergende lag für dich so nah.

An den lebendigen Gott glauben
– das habe ich von dir gelernt – bedeutet:

zum Leben und zur Freude am Leben
berechtigt sein.

In der Wirklichkeit deines Lebens, in deinen eigenen
Grenzen,
deiner Zerrissenheit, deiner Widersprüchlichkeit,
hast du Gott gesucht und gefunden,
bist du in dein eigenes Leben hineingeboren, du selbst
geworden.

Leidenschaftlich hast du das Leben geliebt.
In großer Achtsamkeit bist du ihm begegnet
und hast darauf verzichtet,
ihm Bedingungen zu stellen.

Von Ort zu Ort,
das war für dich der Weg vom Haus zur Wiese,
vom Sonnenschein zum Regen, vom Frost zur Hitze,
von der Freude zur Trauer, von außen nach innen.

In den Augen der Menschen hast du dich gespiegelt.
Wie in einer Landkarte konntest du in ihren Gesichtern lesen:
aus den Falten ihre Sorgen,
aus der Farbe ihrer Haut die Demütigungen, aus den Narben die
Schmerzen.

Von Zeit zu Zeit
fahre ich auf den Wolken zu dir,
besuche dich in deiner Einsamkeit
und lasse mich vom Südwind wieder nach Hause tragen.

Danke für deine Ermutigung,
in meiner Einsamkeit und Zerrissenheit dennoch fröhlich zu sein,
als Suchender zu leben,
obwohl Gott mich schon lange gefunden hat.

Quellen

I. Bibelausgaben

Die Bibel nach der Übersetzung Martin Luthers, Deutsche Bibelgesellschaft, Stuttgart 1989

Bibel in gerechter Sprache, Gütersloh ³2007

II. Zu den Themenbereichen Sikarier, Essener, Schriften von Qumran

Michael Clevenot, Von Jerusalem nach Rom, Geschichte des Christentums im 1. Jahrhundert, Fribourg 1987

John Dominic Crossan, Der historische Jesus, München 1994

Michael Wise, Martin Abegg, Jr., Edward Cook, Die Schriftrollen von Qumran, Augsburg 1997

Ekkehart W. Stegemann, Wolfgang Stegemann, Urchristliche Sozialgeschichte, Stuttgart 1994

III. Zum Matthäusevangelium

Ulrich Luz, Die Jesusgeschichte des Matthäus, Neukirchen-Vluyn 1993

IV. Zum Thema Segen, Segenshandeln Gottes

Claus Westermann, Der Segen in der Bibel und im Handeln der Kirche, München 1992

Claus Westermann, Genesis, 1. Teilband, Genesis 1-11, Neukirchen-Vluyn ³1983

V. Sonstige Literatur

Helmut Herberg, Was sich der Esel beim Einzug in Jerusalem dachte, München 2004

Traugott Koch, Mit Gott leben. Eine Besinnung auf den Glauben, Tübingen ²1993

Henning Luther, Religion im Alltag. Bausteine zu einer Praktischen Theologie des Subjekts, Stuttgart 1992

Anne M. Steinmeier, Wiedergeboren zur Freiheit. Skizze eines Dialogs zwischen Theologie und Psychoanalyse, Göttingen 1996

MÄRCHENHAFTE ZUGÄNGE ZU GOTT

168 S., Paperback
ISBN 978-3-532-62388-6

Woher komme ich, wohin gehe ich? Was gibt meinem Leben Sinn und Orientierung, wie versöhne ich mich mit der Vergangenheit und dem Leid? Was lässt mich hoffen und worauf kann ich vertrauen? Anhand ausgewählter Märchen aus aller Welt spürt Heinrich Dickerhoff diesen großen Lebens- und Glaubensfragen nach. Dabei eröffnen sich ungewohnt-faszinierende Einblicke in den Glauben. Wenn auch Märchen selten von Gott erzählen, sind ihre zentralen Motive doch zutiefst christlich: dass Gerechtigkeit hergestellt wird und sich letztlich alles zum Guten wendet.

www.claudius.de

claudius